Andreas Leinigen

Hybridunterricht: Mathematik

Mit Stift, Papier und Apps lernen

Der Autor

Andreas Leinigen ist bereits an verschiedenen Grundschulen als Lehrkraft tätig gewesen. Seit 2016 ist er wissenschaftlicher Mitarbeiter am Institut für Didaktik der Mathematik an der Justus-Liebig-Universität Gießen mit dem Schwerpunkt digitale Medien. Er leitet verschiedene Workshops zum Einsatz digitaler Medien im Unterricht.

1. Auflage 2022

AAP Lehrerwelt GmbH
Veritaskai 3
21079 Hamburg
Telefon: +49 (0) 40325083-040
E-Mail: info@lehrerwelt.de
Geschäftsführung: Christian Glaser
USt-ID: DE 173 77 61 42
Register: AG Hamburg HRB/126335

Autorschaft: Andreas Leinigen
Covergestaltung: TSA&B Werbeagentur GmbH Hamburg
Coverfoto: contrastwerkstatt via stock.adobe.com
Grafik: Katharina Reichert Scarborough, Stefan Lucas, Julia Flasche, Corina Beurenmeister, Nataly Meenen, Corina Beurenmeister (Kind mit Filmklappe)
Satz: Typographie & Computer, Krefeld
Druck und Bindung: Design and printing JSC KOPA, Kaunas

ISBN: 978-3-403-20894-5
www.persen.de

Einleitung und methodisch-didaktischer Kommentar 4
Warum Apps im Mathematikunterricht? 4
Potenziale der ausgewählten Apps 4
Hinweise zur Verwendung des Handbuches 6

Praxis

Zahlen und Operationen 8
Rechenfeld® 8
Stellenwerttafel® 15
Stop Motion Studio® 21

Raum und Form 30
Klötzchen® 30
Book Creator® 38
Sketchometry® 43
Geoboard® 48

Daten, Häufigkeiten und Wahrscheinlichkeiten 53
Diagramm Generator® 53

Muster und Strukturen 62
Geoboard® 62
Book Creator® 69

Größen und Messen 74
Book Creator® 74
WBO Whiteboard Online® 82

Warum Apps im Mathematikunterricht?

Dieses Handbuch möchte dazu anregen, mathematikspezifische Software im Grundschulunterricht zu verwenden. Dabei stehen Programme im Fokus, die als Apps auf Tablets kostenfrei oder kostengünstig zur Verfügung stehen. Da Grundschulen aktuell unterschiedlich stark mit Tablets ausgestattet sind, wurde bei der Auswahl darauf geachtet, dass die Anwendungen auch auf einem Computer bzw. Laptop als Download oder als Link über das Internet abrufbar sind. Außerdem werden sie meist für verschiedene Betriebssysteme angeboten.

Die Einrichtung von WLAN und Ausstattung von Tablets in Grundschulen nimmt langsam Fahrt auf und auch zu Hause kommen die meisten Kinder schon früh in Berührung mit digitalen Medien, wie u. a. die KIM-Studie (Kindheit, Internet, Medien) aus dem Jahr 2020 verrät. Fast in jedem Haushalt der 6- bis 13-Jährigen gibt es mindestens ein Smartphone bzw. einen Computer oder Laptop. Mit Tablets ist knapp jeder zweite Haushalt ausgerüstet (Feierabend, Rathgeb, Kheredmand & Glöckler 2021, S. 11). Dementsprechend verwendet knapp die Hälfte aller Grundschulkinder regelmäßig ein Tablet, Tendenz steigend (ebd., S. 22 f.).

Auf dem Smartphone schauen viele Kinder Fotos und Videos an, dreiviertel der 6- bis 13-Jährigen nutzen aber auch regelmäßig Apps darauf (ebd., S. 21). Um auf diese Zahlen aus dem Alltags- und Freizeitbereich der Kinder zu reagieren, sollten auch im Grundschulunterricht mobile Endgeräte, speziell Tablets, häufiger verwendet werden. Dies besagt auch das Strategiepapier der KMK zum Umgang mit digitalen Medien (KMK 2017). Das Lernen soll mithilfe der digitalen Mittel weniger reproduktiv, dafür umso mehr prozess- und ergebnisorientiert und damit kreativer und kritischer sein (ebd., S. 8). Die vorliegenden Materialien geben Ihnen ein Portfolio an Programmen sowie damit verbundenen Ideen an die Hand, um ein solches digitales Lernen zu ermöglichen. Im Vordergrund steht dabei, dass Schülerinnen und Schüler gemeinsam und verständnisorientiert mathematische Sachverhalte kennenlernen und vertiefen.

Die Verwendung der Programme auf Tablets bietet verschiedene Vorzüge gegenüber der Verwendung auf Computern und Laptops: Die Geräte haben eine handliche Größe und sind somit mobil im Unterricht anwendbar, sodass eine Erkundung des Schulhofes, z. B. nach geometrischen Körpern in der Umwelt, möglich ist. Die Tablets können außerdem mit kindgerechten Hüllen für den Schulalltag geschützt werden. Es sind keine klassischen PC-Kenntnisse notwendig und die meisten Apps sind intuitiv bedienbar (vgl. Krauthausen 2012, S. 154).

Potenziale der ausgewählten Apps

Die für dieses Buch ausgewählten Programme zählen nach Krauthausen zu dem Bereich der Arbeitsmittel und Seiteneinsteiger-Apps. Arbeitsmittel meint, dass die Apps hier mathematische Veranschaulichungsmittel zur Verfügung stellen (ebd., S. 172). Dazu gehören die im Buch verwendeten Apps *Rechenfeld®* , *Stellenwerttafel®*, *Klötzchen®*, *Sketchometry®*, *Geoboard®* und *Diagramm Generator®*. Mit Seiteneinsteiger-Apps sind hingegen jene Anwendungen gemeint, die im Wesentlichen nicht gezielt für den Gebrauch im Unterricht entwickelt wurden, aber dennoch gewinnbringend dazu genutzt werden können (ebd., S. 178). Hierzu zählen die Apps *Stop Motion Studio®*, *Book Creator®* und *WBO Whiteboard Online®*.

Die mathematikspezifischen Apps und digitalen Anwendungen dieses Titels wurden auch deshalb ausgewählt, da sie einige Chancen und Möglichkeiten bieten, über die der rein analoge Unterricht nicht verfügt: Einige der Apps erlauben z. B. Visualisierungen mathematischer Handlung, die mit physischem Material nicht oder nur schwer möglich sind, so die App *Stellenwerttafel®* (Rink & Walter 2020, S. 18 ff.). Verschiebt man dort ein einzelnes Plättchen aus der Hunderterstelle in die Einerstelle, wird es zu einhundert einzelnen Plättchen. Der Wert eines Hunderterplättchens wird auf diese Weise für Schülerinnen und Schüler nachvollziehbar visualisiert, wie es mit physischem Material nur schwer möglich ist. Auch die App *Klötzchen®* bringt einen besonderen Vorteil mit sich, der mit Visualisierung zu tun hat. Denn mit ihr ist es möglich, einen mathematischen Sachverhalt zeitgleich auf unterschiedliche Art und Weise darzustellen (ebd., S. 20 ff.). Einerseits können die Kinder beim Bauen eines Würfelgebäudes das Würfelgebäude selbst sehen, zeitgleich haben sie andererseits die Möglichkeit, den zugehörigen Bauplan zu verfolgen. Beides ist nebeneinander dargestellt und miteinander vernetzt. Wird ein weiteres Klötzchen® gesetzt und damit das Gebäude verändert, ändert sich automatisch der Bauplan und andersherum.

Die App *Rechenfeld®* unterstützt das Lernen, indem die Darstellung einer Aufgabe automatisch in Form von Plättchen auf dem Hunderterfeld visualisiert wird. Verändere ich einen der Summanden, passt sich auch das Hunderterfeld mit an (ebd., S. 23 ff.).

Einige Anwendungen nutzen die Multitouch-Technologie. In der schon erwähnten App *Stellenwerttafel®* ist es somit möglich, mehrere Plättchen gleichzeitig einzublenden, indem mehrere Finger den Bildschirm berühren. Dies hat den Vorteil, die Kinder vom zählenden Rechnen wegzuführen und ihnen das Bündeln näherzubringen (ebd., S. 26 ff.).

Des Weiteren können einige ausgewählte Apps den Kindern einen gewissen Denkaufwand ersparen (ebd., S. 29 ff.). Dadurch wird es den Lernenden ermöglicht, sich auf den mathematischen Sachverhalt zu konzentrieren, der gerade im Vordergrund steht, so z. B. durch die App *Diagramm Generator®*. Hier geben die Kinder lediglich Daten ein und das Programm übersetzt diese automatisch in ein Diagramm. Somit ist es nicht notwendig, dass die Schülerinnen und Schüler ein eigenes Diagramm zeichnen. Sie können sich direkt darauf konzentrieren, das vom Programm generierte Schaubild zu verstehen. Zusätzlich kann durch die Möglichkeit, verschiedene Diagrammarten für dieselben ermittelten Daten auszuwählen, ein Vergleich der unterschiedlichen Darstellungen ohne weiteren Zeitaufwand stattfinden.

Die ausgewählte App *Rechenfeld®* bietet außerdem nicht nur eine unmittelbare Rückmeldung für die Kinder, ob eine Aufgabe richtig oder falsch bearbeitet wurde, sondern auch konkrete Hinweise darauf, wo der Fehler liegt, wenn sie einen gemacht haben. So können die Kinder sehr selbstständig mit der App arbeiten und die eigenen Lernfortschritte überprüfen.

Die Auswahl der nicht mathematikspezifischen Apps *Stop Motion Studio®*, *Book Creator®*, und *WBO Whiteboard Online®* erfolgte vor allem aufgrund der Vorgaben der KMK (2017). Denn die Apps ermöglichen das kollaborative und kreative Arbeiten an einem mathematischen Sachverhalt. Indem eigene Lehrfilme (*Stop Motion Studio®*) oder digitale Bücher (*Book Creator®*) erstellt werden, müssen sich die Kinder zunächst intensiv mit dem Inhalt des mathematischen Themas auseinandersetzen, um ihn dann allein oder in Gruppen zu dokumentieren und präsentieren. Eine besondere Rolle der Kommunikation untereinander nimmt das *WBO Whiteboard Online®* ein, da die Schülerinnen und Schüler dabei auf einem Bildschirm arbeiten, aber die Möglichkeit haben, dass jede und jeder von einem anderen Gerät aus agiert. So kann jedes Kind seine Gedanken in das Projekt einfließen lassen und am Ende wird gemeinsam ein Ergebnis geschaffen. Vorab sollten „virtuelle Kommunikationsregeln“ innerhalb der Gruppe ausgemacht werden.

Hinweise zur Verwendung des Handbuches

Die Einteilung der aufgeführten Unterrichtsideen orientiert sich an den von der KMK festgehaltenen Bildungsstandards und allgemeinen mathematischen Kompetenzen (2004). Die ausgewählten Apps und Vorschläge zur Umsetzung im Unterricht sind unterteilt in die Inhaltsfelder *Zahlen und Operationen*, *Raum und Form*, *Muster und Strukturen*, *Größen und Messen* sowie *Daten*, *Häufigkeit und Wahrscheinlichkeit* (ebd., S. 8).

Die Aufgabenstellungen sind so gewählt, dass folgende Kompetenzen angesprochen und je nach App verschieden stark gefördert werden:

- Problemlösen
- Kommunizieren
- Argumentieren
- Modellieren
- Darstellen

Das Kommunizieren über Mathematik nimmt in den Aufgabenstellungen eine wesentliche Rolle ein. Zwar können die Aufgaben alleine gelöst werden, um den Austausch über den Sachverhalt untereinander zu stärken, sollte jedoch in erster Linie mit einem anderen Kind oder in der Gruppe gearbeitet werden.

Die vorgestellten digitalen Anwendungen sind als eine Ergänzung für den Unterricht und für das mathematische Arbeiten zu betrachten und sind ausdrücklich *kein* Ersatz zum analogen Lernen. Digitale und physische Lernmaterialien sollten immer sinnvoll miteinander kombiniert werden, um das volle Lernpotenzial auszuschöpfen (Rink & Walter

2020, S. 16). Das Arbeiten mit dem physischen Material ist ebenso notwendig wie das Darstellen mathematischer Lösungen mit Stift und Papier. Dies kann zeitgleich bzw. zeitnah stattfinden. So können z. B. Aufgaben mit dem virtuellen und dem physischen Hundertfeld bearbeitet werden und Würfelgebäude nach einem Bauplan mit realen Klötzchen® gebaut und mit der digitalen Anwendung überprüft werden.

Die Apps werden zunächst mit einem Steckbrief kurz vorgestellt. Hier gibt es Hinweise, in welcher Jahrgangsstufe die Software eingesetzt werden kann und auf welche Weise die App abrufbar ist; entweder auf mobilen Geräten wie Tablets, als Download für Computer oder Laptops oder über einen Link als Onlineversion. Zusätzlich folgen Informationen über die Kompatibilität der Betriebssysteme und Browser sowie deren Kosten. Eine kurze Beschreibung sowie Tipps zur Bedienung schließen sich an. Dabei sind meist nur die für die Unterrichtsideen relevanten Funktionen aufgeführt. Bei mehrmaliger Verwendung einer App in unterschiedlichen Inhaltsfeldern sind die Hinweise zu den Funktionen jeweils in leicht veränderter Version nochmals wiedergegeben. Zu einigen Apps sind weitere Informationen zur Umsetzung im Unterricht gegeben. Anschließend folgen die Kopiervorlagen. Einige Aufgabenstellungen können z. B. als laminierte Vorlage öfter verwendet werden. Ebenso können die Schülerinnen und Schüler weitere passende Aufgaben selbstständig am Tablet finden und ins Heft übertragen.

Zum Abschluss soll an dieser Stelle noch der Hinweis gegeben werden, dass die vorgestellten Apps durch die schnelle Entwicklung der Technik beeinflusst werden. Dies kann dazu führen, dass bereits Funktionen über die hier beschriebenen hinaus möglich sind, die Bedienungsoberfläche sowie das Aussehen des Programms sich verändert hat oder Anwendungen nicht mehr weiter aktualisiert werden und irgendwann nicht mehr abrufbar sind.

Literatur

Feierabend, S.; Rahtgeb, T.; Kheremand, H. & Glöckler, S. (2021). *KIM 2020. Kindheit, Internet, Medien – Basisuntersuchung zum Medienumgang 6- bis 13-Jähriger in Deutschland.* Verfügbar unter: https://www.mpfs.de/fileadmin/files/Studien/KIM/2020/KIM-Studie2020_WEB_final.pdf [25.08.2021].

Krauthausen, G. (2012). *Digitale Medien im Mathematikunterricht der Grundschule.* Heidelberg: Spektrum Akademischer Verlag.

KMK (2004). *Beschlüsse der Kultusministerkonferenz. Bildungsstandards im Fach Mathematik für den Primarbereich (Jahrgangsstufe 4).* Verfügbar unter: https://www.kmk.org/fileadmin/Dateien/veroeffentlichungen_beschluesse/2004/2004_10_15-Bildungsstandards-Mathe-Primar.pdf [25.08.2021].

KMK (2017). *Bildung in der digitalen Welt. Strategie der Kultusministerkonferenz.* Verfügbar unter: https://www.kmk.org/fileadmin/Dateien/veroeffentlichungen_beschluesse/2018/Strategie_Bildung_in_der_digitalen_Welt_idF._vom_07.12.2017.pdf [25.08.2021].

Rink, R. & Walter, D. (2020). *Digitale Medien im Matheunterricht: Ideen für die Grundschule.* Berlin: Cornelsen.

Steckbrief: *Rechenfeld®*

Typ

☒ Mobile Endgeräte ☒ Download ☒ Link

Einsatzgebiet

Beginn 3. Schuljahr, Wiederholung Addition und Subtraktion im Zahlenraum bis 100

Betriebssystem / Preis

Mobile Endgeräte: iOS® / 0,99 €
Download: Version für Mac® / kostenlos

Alternative: die App *Hunderterfeld®*
Download: Version für Mac® und Windows® / kostenlos
Link: verschiedene Browser / kostenlos

Kurze Beschreibung

Mithilfe der App *Rechenfeld®* können Additions- und Subtraktionsaufgaben gelegt, verändert und gelöst werden. Die Aufgaben werden, orientiert am physischen Material, mit Plättchen dargestellt. Das Hinzufügen und Wegnehmen von Einern und Zehnern bei Aufgaben wird auf diese Weise veranschaulicht. Gleichzeitig wird die gelegte Aufgabe auch mit den entsprechenden Zahlenwerten wiedergegeben. Aufgabenformate wie Ergänzungs- / Platzhalteraufgaben bzw. Tauschaufgaben können mithilfe der App ebenfalls umgesetzt werden. Neben dem Legen und Lösen von Additions- und Subtraktionsaufgaben sind mögliche Aufgabenstellungen zur Exploration:

- Wie lege ich eine Aufgabe mit möglichst wenig Klicks?
- Wie verändert sich eine abgedeckte Zahl, wenn ich der Aufgabe Plättchen hinzugebe oder wegnehme?
- Wie verändert sich die Summe, wenn ich einen Summanden verändere?

So erkunden die Kinder spielerisch den Zahlenraum bis 100 und wiederholen oder vertiefen die bereits bekannten Rechenstrategien. Die App *Hunderterfeld®* entspricht nicht der neuesten Appversion und wird auch keine Updates mehr bekommen, allerdings steht sie noch als Alternative zur App Rechenfeld zur Verfügung und hat den Vorteil, mit vielen Betriebssystemen und über den Browser verwendbar zu sein.

Bedienung

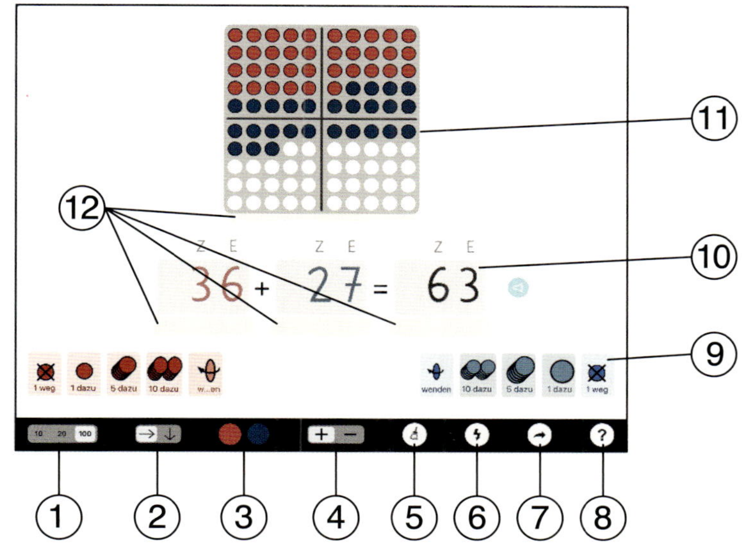

Menüleiste

In der Menüleiste am unteren Bildschirmrand kann der Zahlenraum für die Zahlen bis 10, 20 und 100 eingestellt werden (1), ein entsprechendes Zehner-, Zwanziger- oder Hunderterfeld (11), auf dem Plättchen gelegt oder weggenommen werden können, wird auf dem Bildschirm dargestellt. Die roten und blauen Plättchen können im Hunderterfeld entweder horizontal oder vertikal angeordnet werden (2). Die Farbe der Plättchen kann verändert werden (3). Mit der App können entweder Plus- oder Minusaufgabe gerechnet werden (4). Mit dem Besensymbol (5) können alle Plättchen gelöscht und dann neue Aufgaben gelegt werden. Über das Blitzsymbol kann das Hunderterfeld verdeckt werden (6). Soll die App eine Aufgabe generieren, ist dies über den Pfeil möglich (7). Eine Erläuterung zu den einzelnen Funktionen erhält man über das Fragezeichen (8).

Legen einer Aufgabe

Es gibt drei Möglichkeiten, eine Aufgabe zu legen bzw. zu verändern: Eine Aufgabe kann über die Plättchenfelder gelegt werden (9). Je nach ausgewählter Rechenoperation können einzelne Plättchen weggenommen sowie einzelne, fünf oder zehn Plättchen hinzugefügt werden. Ebenso ist es möglich, ein Plättchen, welches schon auf dem Feld liegt, von Rot zu Blau oder umgekehrt zu wenden. Die zweite Möglichkeit besteht darin, in der Aufgabe selbst die Zahlenwerte zu verändern (10). Die dritte Möglichkeit ist, eine Änderung über das Hunderter- bzw. Zwanziger- oder Zehnerfeld vorzunehmen (11). Einzelne Plättchen können dort durch Berühren und Verschieben aus dem Feld entfernt werden. Die Stelle bleibt zunächst leer. Wird erneut auf den Bildschirm gedrückt, werden die Plättchen neu geordnet. Bei einer Veränderung passen sich stets Aufgabe und Darstellung automatisch an.

Aufgabenformate

Mithilfe der Balken unter Aufgabe bzw. Rechenfeld (12) können entweder eine Zahl oder das Hunderterfeld verdeckt werden und so verschiedene Aufgabentypen geschaffen werden: Wird das Ergebnis verdeckt, rechnen die Schülerinnen und Schüler die gelegte Aufgabe, wird ein Summand oder der Minuend bzw. Subtrahend verdeckt, können Ergänzungs-/Platzhalteraufgaben bearbeitet werden. Durch Tippen auf den vergrößerten Balken kann die ausgerechnete Zahl durch ein Ziffernfeld (0 bis 9) eingegeben werden. Stimmt die Zahl, leuchtet sie kurz grün auf. Bei falscher Eingabe blinkt das Feld rot und auch die entsprechenden Plättchen blinken.

Kennenlernen der App *Rechenfeld®*

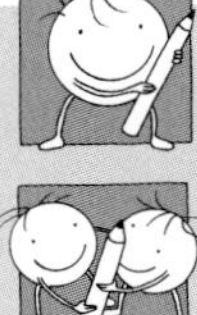

Mit der App kannst du Plus- und Minusaufgaben mit Plättchen legen. Die gelegte Aufgabe findest du am unteren Bildschirm mit Zahlen geschrieben wieder.

Lege mit den roten und blauen Plättchen die Aufgabe 32 + 17. Tausche dich mit einem anderen Kind aus!

Wie kannst du die Aufgabe mit so wenigen Klicks wie möglich legen? Was hast du gemacht? Wie hat jemand anders es gemacht?

Was passiert, wenn du auf ein gelegtes Plättchen drückst? Was verändert sich?

Wie kannst du aus der Aufgabe 32 + 17 die Aufgabe 29 + 15 machen, ohne alles zu löschen? Beschreibe!

Was passiert, wenn du auf das Symbol Plus-/Minusaufgabe drückst? Wie verändert sich das Hunderterfeld und die Aufgabe? Beschreibe!

Wie kannst du alles löschen? Probiere es aus und beschreibe!

Geschickt rechnen – Addition

Die App kann dir dabei helfen, geschickt zu rechnen. Übertrage die Aufgabe zuerst in das Hunderterfeld. Wenn du jetzt auf ein Wendeplättchen drückst, ändert sich die Farbe und die Aufgabe.

Rechne geschickt! Schreibe auf, was du verändert hast. Wie lautet die neue Aufgabe? Wie lautet das Ergebnis?

17 + 18 = ______

______ + ______ = ______

29 + 15 = ______

______ + ______ = ______

25 + 28 = ______

______ + ______ = ______

82 + 17 = ______

______ + ______ = ______

Überlege dir eigene Aufgaben und tausche mit einem anderen Kind!

Geschickt rechnen – Subtraktion

Die App kann dir dabei helfen, geschickt zu rechnen. Übertrage die Aufgabe zuerst in das Hunderterfeld. Wenn du jetzt auf ein Wendeplättchen drückst, ändert sich die Farbe und die Aufgabe.

Rechne geschickt! Schreibe auf, was du verändert hast. Wie lautet die neue Aufgabe? Wie lautet das Ergebnis?

82 – 24 = ________

________ – ________ = ________

47 – 29 = ________

________ – ________ = ________

54 – 28 = ________

________ – ________ = ________

61 – 57 = ________

________ – ________ = ________

Überlege dir eigene Aufgaben und tausche mit einem anderen Kind!

Ergänzungsaufgaben – Addition

Mithilfe der App kannst du z. B. auch Ergänzungsaufgaben rechnen. Bei diesen Aufgaben ist ein Summand verdeckt. Löse die Aufgaben mit der App. Überlege dir eigene Aufgaben und tausche mit einem anderen Kind.

Wie heißt die fehlende Zahl?

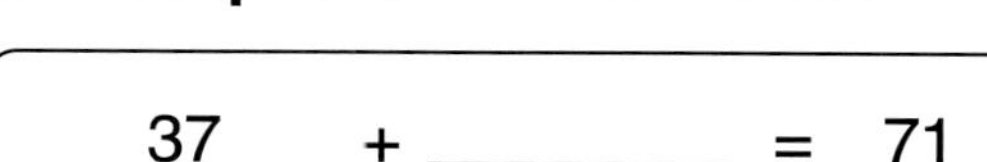

37 + ______ = 71

27 + ______ = 85

44 + ______ = 91

39 + ______ = 56

Erkläre, wie du die Aufgaben mithilfe der App gelöst hast!

Wie heißt die fehlende Zahl?

______ + 15 = 54

______ + 36 = 73

______ + 38 = 91

______ + 77 = 98

Erkläre, wie du die Aufgaben mithilfe der App gelöst hast!

Finde eigene Aufgaben. Tausche mit einem anderen Kind und löst die jeweils anderen Aufgaben.

Ergänzungsaufgaben – Subtraktion

Mithilfe der App kannst du z. B. auch Ergänzungsaufgaben rechnen. Bei diesen Aufgaben ist der Minuend oder Subtrahend verdeckt.
Löse die Aufgaben mit der App. Überlege dir eigene Aufgaben und tausche mit einem anderen Kind.

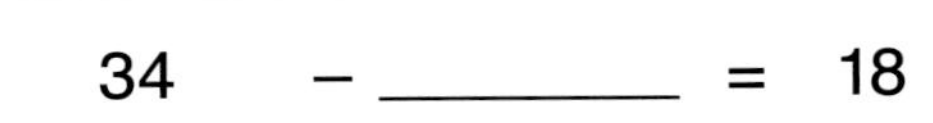

Wie heißt die fehlende Zahl?

34 – ________ = 18

45 – ________ = 17

82 – ________ = 45

96 – ________ = 29

Erkläre, wie du die Aufgaben mithilfe der App gelöst hast!

Wie heißt die fehlende Zahl?

________ – 28 = 34

________ – 19 = 52

________ – 57 = 9

________ – 24 = 69

Erkläre, wie du die Aufgaben mithilfe der App gelöst hast!

Finde eigene Aufgaben und tausche mit einem anderen Kind. Löst die jeweils anderen Aufgaben.

Steckbrief: *Stellenwerttafel®*

Typ

☒ Mobile Endgeräte ☐ Download ☐ Link

Einsatzgebiet

Beginn 3. Schuljahr/4. Schuljahr – Erkundung des Zahlenraumes 100, 1000, 10000

Betriebssystem/Preis

Mobile Endgeräte: iOS®/0,49 €

Kurze Beschreibung

Mit der App *Stellenwerttafel®* werden Zahlen durch Plättchen dargestellt. Neben der Erarbeitung unterschiedlicher Zahlenräume ist es auch möglich, Zahlen mit Kommastellen zu veranschaulichen. Die gelegte Zahl kann mit einfarbigen Plättchen oder in den Montessori-Farben veranschaulicht werden. Oberhalb der Stellenwerttafel wird die Zahl symbolisch oder auch als Zahlwort angezeigt. Das Besondere an der App ist, dass durch das Verschieben eines einzelnen Plättchens z. B. vom „Zehner“ in den „Einer“ das Plättchen nicht an Wert verliert und zu zehn einzelnen Plättchen wird. Die Zahl bleibt also die gleiche und wird nur anders dargestellt. Mögliche Aufgabenstellungen, um zum Explorieren anzuregen, sind:

- Welche Veränderungen kannst du beobachten, wenn du zu der gelegten Zahl eine weitere hinzurechnest oder von ihr abziehst?
- Rechne zu der gelegten Zahl mehrmals dieselbe Zahl hinzu. Was kannst du an den Stellenwerten beobachten?
- Ziehe von der gelegten Zahl mehrmals dieselbe Zahl ab. Was kannst du an den Stellenwerten beobachten?

So erkunden Kinder spielerisch den Zahlenraum bis 100, 1000 oder 10000 und können Additions- und Subtraktionsaufgaben veranschaulichen.

Bedienung

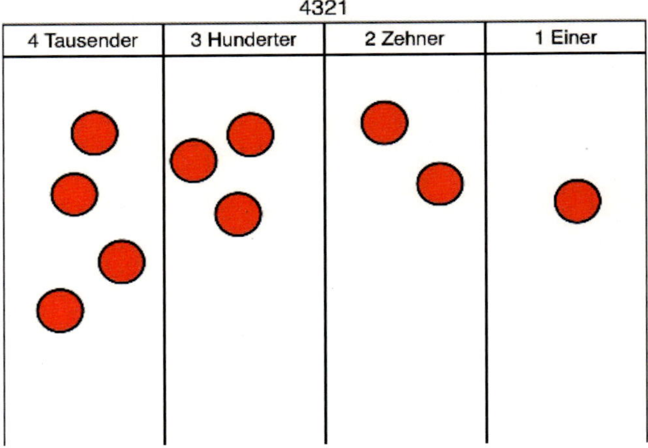

Eine Zahl kann in der App *Stellenwerttafel®* entweder mit roten Plättchen oder mit Plättchen in den Montessori-Farben gelegt werden (im Beispiel ist die Variante mit den roten Plättchen abgebildet). Im Tabellenkopf steht, wie viele Einer/Zehner/Hunderter jeweils in der Spalte abgebildet sind. Über der Tabelle steht die ganze Zahl, welche sich daraus ergibt.

Durch Klicken auf eine der Tabellenspalten können Plättchen hinzugefügt werden. Multitouch ist möglich. Um ein Plättchen zu löschen, berührt man es und zieht es Richtung Bildschirmrand. Durch Schütteln des Tablets werden alle Plättchen auf einmal entfernt.

Man kann die Plättchen auch von einer Spalte in eine andere verschieben, der Stellenwert bleibt dabei erhalten. Das heißt, verschiebt man z. B. ein Plättchen aus der Zehnerspalte in die Einerspalte, werden daraus zehn Einzelne. Der Überhang an Plättchen wird dann im Tabellenkopf rot angezeigt (15 Einer). Die Zahl oberhalb der Tabelle bleibt gleich. Umgekehrt werden bei Verschieben von Plättchen aus der Einerspalte in die Zehnerspalte automatisch zehn Plättchen gebündelt.

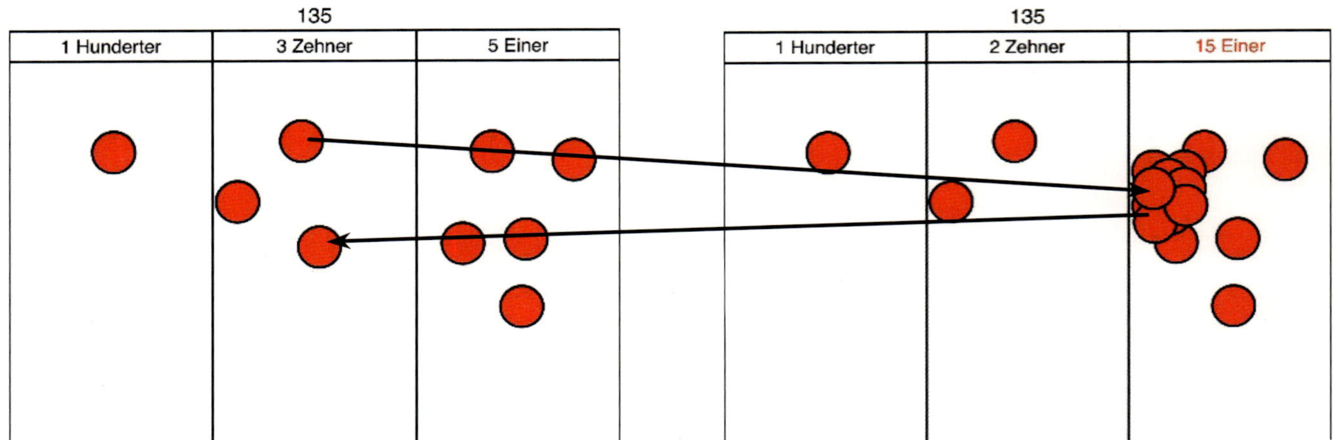

Unter den Einstellungen (Zahnradsymbol) können weitere Veränderungen vorgenommen werden: Der Zahl oberhalb der Tabelle kann das entsprechende Zahlwort hinzugefügt werden, es kann zwischen Stellenwerttafeln mit zwei bis vier Spalten gewählt werden (wobei einstellbar ist, ob und wie viele dieser Spalten eine Nachkommastelle anzeigen) und die Zahlwörter können in 22 Sprachen eingeblendet werden. Auch der Tabellenkopf kann verändert werden, sodass dort die Anzahl der Plättchen mit oder ohne die Einheit „Einer"/„Zehner"/„Hunderter" genannt wird.

Die App *Stellenwerttafel®* kennenlernen

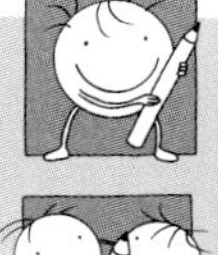

Mit der App kannst du Zahlen mit Plättchen legen. Du kannst mit Tippen eines oder mehrerer Finger Plättchen zu einer Spalte hinzufügen. Durch Wegwischen kannst du einzelne, durch leichtes Schütteln alle Plättchen löschen.

Lege die Zahl 325 in die Stellenwerttafel in der App!

H	Z	E
●●●	●●	●●●●●

Überlege folgende Fragen mit einem anderen Kind. Zeichne oder schreibe dann deine Erkenntnis auf: Was passiert, …

… wenn in der Hunderterspalte zwei weitere Plättchen gelegt werden? Überprüfe mit der App.

… wenn aus der Zehnerspalte ein Plättchen weggewischt wird? Überprüfe mit der App.

… wenn sechs weitere Plättchen in die Einerspalte gelegt werden? Überprüfe mit der App.

… wenn ein Plättchen von der Hunderterspalte in die Einerspalte verschoben wird? Überprüfe mit der App.

Zahlenraum bis 1000 – Wie viele Zahlen kannst du legen?

Mit der App kannst du Zahlen mit Plättchen legen. Wie viele unterschiedliche Zahlen findest du mit nur fünf Plättchen? Tipp: Du musst nach jeder gefundenen Zahl das Tablet schütteln, um eine neue Zahl zu legen.

Zeichne die unterschiedlichen Möglichkeiten ein!

H	Z	E
●	●●	●●

Wie heißt die Zahl?
122

Ordne die Zahlen nach der Größe.

Was geschieht, wenn du statt fünf Plättchen sechs Plättchen nimmst? Wie viele Möglichkeiten gibt es nun? Überlege und teste zusammen mit einem anderen Kind. Notiere die Zahlen:

Zahlenraum bis 1000 – Wie heißt die Zahl?

Mit der App kannst du Zahlen mit Plättchen legen. Was passiert, wenn du ein Plättchen von einer Spalte in eine andere verschiebst?
Überlege mit einem anderen Kind! Die Funktion kann dir helfen, die folgende Aufgabe zu lösen.

Lege die Zahl 536 in der App *Stellenwerttafel*®! Verschiebe ein Plättchen von der Spalte Hunderter zu der Spalte Einer. Was passiert?

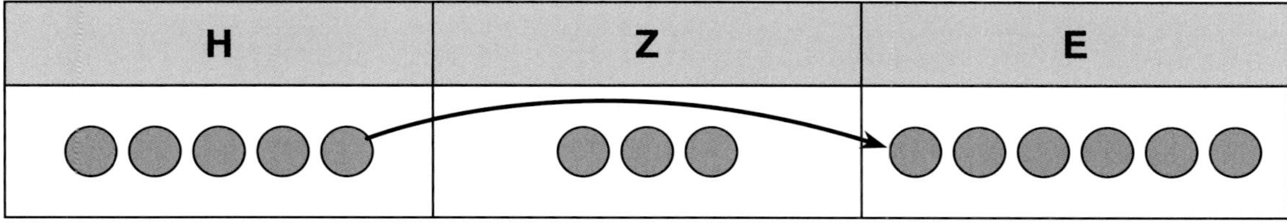

Geht das auch bei den anderen Spalten? Überlege und teste es mit einem anderen Kind. Was habt ihr rausgefunden? Warum könnte das so sein?

Wie heißt die Zahl? Die App kann dir helfen!

H	Z	E
2	16	8

2 H 16 Z 8 E

368

H	Z	E
5	6	25

H	Z	E
8	13	26

H	Z	E
3	25	11

H	Z	E
4	9	14

H	Z	E
8	19	15

Zahlenraum bis 10000 – Wie heißt die Zahl?

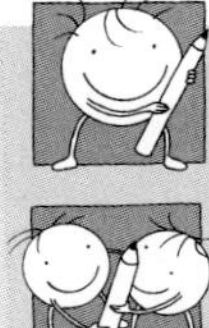

Mit der App kannst du Zahlen mit Plättchen legen. Was passiert, wenn du ein Plättchen von einer Spalte in eine andere verschiebst? Überlege mit einem anderen Kind!

Lege die Zahl 2461 in der App *Stellenwerttafel®*! Verschiebe dann ein Plättchen von der Tausenderspalte in die Zehnerspalte. Was passiert?

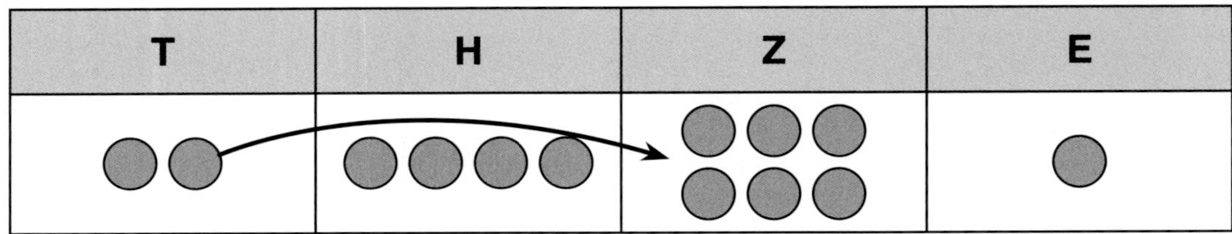

Geht das auch bei den anderen Spalten? Überlege mit einem anderen Kind und erkläre.

Wie heißt die Zahl? Die App kann dir helfen!

T	H	Z	E
2	3	11	5

2 T 3 H 11 Z 5 E

2415

T	H	Z	E
7	1	3	23

T	H	Z	E
4	9	9	14

T	H	Z	E
1	8	25	6

T	H	Z	E
	7	15	21

T	H	Z	E
9	8	19	15

Steckbrief: *Stop Motion Studio®*

Typ

[x] Mobile Endgeräte  Download  Link

Einsatzgebiet

3. Schuljahr/4. Schuljahr – Veranschaulichung (schriftliche) Addition und Subtraktion

Betriebssystem/Preis

Mobile Endgeräte: iOS®, Android® und Windows®/kostenlos (zusätzliche Funktionen via In-App-Käufe)
Download: Version für Mac®/kostenlos (zusätzliche Funktionen via In-App-Käufe)

Kurze Beschreibung

Mit der App *Stop Motion Studio®* können Filme mit der Stop-Motion-Technik produziert und so Gegenstände (z. B. das Dienesmaterial) zum Leben erweckt werden. Von einer Situation werden viele Fotos erstellt und anschließend das Material leicht verändert und erneut aufgenommen. Durch das Abspielen der Fotos hintereinander scheint sich der Gegenstand von allein zu bewegen (Daumenkino-Trick). Somit wird das mathematische Material zur darstellenden Figur im Film. Von den Schülerinnen und Schülern können unterschiedliche Filme erstellt werden: Rechengeschichten, Erklärvideos oder Filme zur Ergebnissicherung.
Bei der Erstellung der Filme setzen sich die Kinder intensiv mit dem mathematischen Inhalt auseinander und können diesen kreativ darstellen. Zudem arbeiten sie in Gruppen zusammen.

Bedienung

Die App *Stop Motion Studio®* bietet eine Vielzahl von Einstellungsmöglichkeiten, um den Film während seiner Erstellung zu bearbeiten. Viele der aufgeführten Features sind nur durch In-App-Käufe freizuschalten. Für die Produktion eines (Erklär-)Films über ein mathematisches Thema sind jedoch nur die Grundfunktionen relevant. Auf dem Startbildschirm können neue Filme begonnen oder die bisherigen Projekte betitelt, exportiert oder weiterbearbeitet werden.

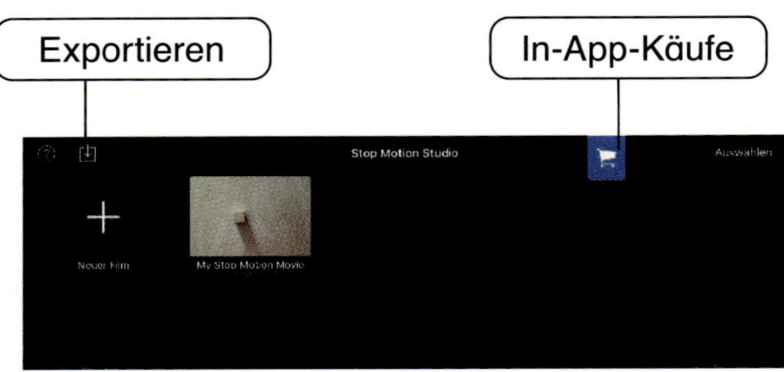

Einen neuen Film erstellen

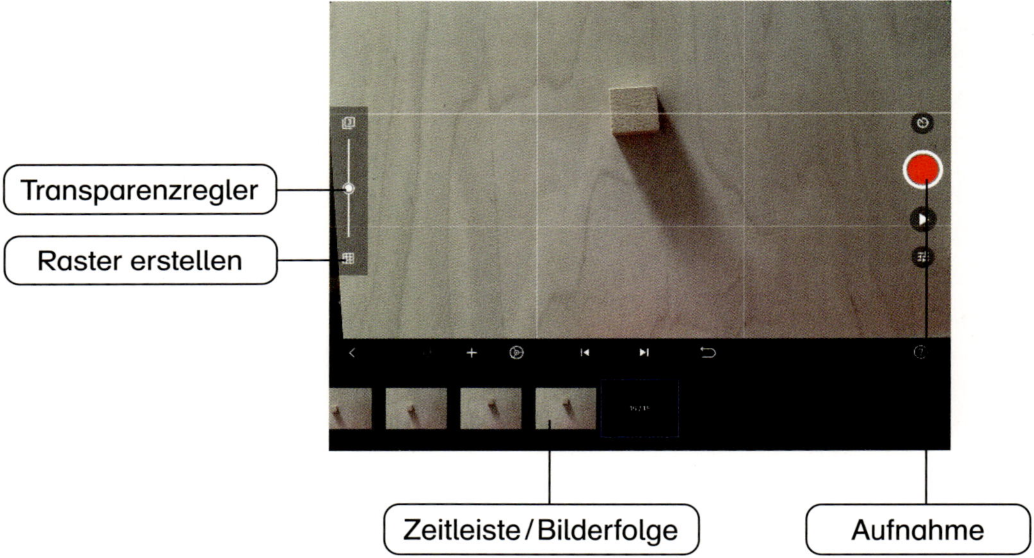

Nachdem ein neues Projekt gestartet wurde, schaltet sich die Kamera ein. Am besten sollte das Tablet auf einem Stativ befestigt werden. So bleibt der Hintergrund immer gleich und die Fotos bleiben scharf. Auf der rechten Seite befindet sich der Aufnahmeknopf, um die Fotos zu erstellen. Als Hilfestellung zur Ausrichtung der Gegenstände kann auf der linken Seite des Bildschirmes ein Raster eingeblendet werden. So lassen sich die Veränderungen von einem Foto zum nächsten besser kontrollieren. Zudem können mithilfe des ebenfalls links abgebildeten Transparenzreglers ein bis fünf vorige Bilder transparent mit eingeblendet werden.

Dadurch ist es einfacher, einen Gegenstand passend zu den vorigen Aufnahmen zu verschieben bzw. zu bewegen.

Hinzufügen von Tonaufnahmen und Bearbeiten von Bilderfolgen

Unter dem Aufnahmebildschirm können durch das Abspielzeichen die bisherigen Aufnahmen als Film betrachtet werden. Mit einem Doppelklick kann die Zeitleiste vergrößert/verkleinert werden. Zwischen dem Aufnahmebildschirm und der Zeitleiste befinden sich weitere Symbole.

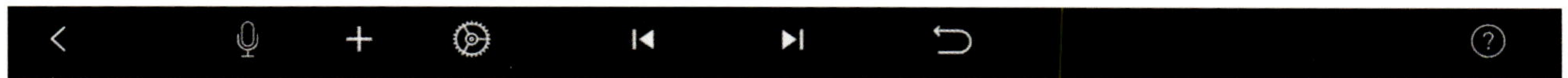

Mit dem Mikrofon, welches in dieser Leiste zu sehen ist, können Tonaufnahmen für ein zuvor ausgewähltes Bild bzw. einen Filmabschnitt erstellt werden. Klickt man es an, öffnet sich ein neuer Bildschirm. Eine Skala zeigt an, wie leise bzw. laut gesprochen wird. Wird auf „Aufnahme" gedrückt, beginnt ein Countdown und anschließend die Aufnahme selbst. Diese kann abgespielt („Abspielen"), erneut aufgenommen („Aufnahme") oder verwendet werden („Fertig"). Die Tonaufnahme befindet sich dann beim ausgewählten Bild in der Zeitleiste und kann weiterbearbeitet werden.
Durch das Klicken auf ein einzelnes Bild öffnet sich ein weiteres Menü.

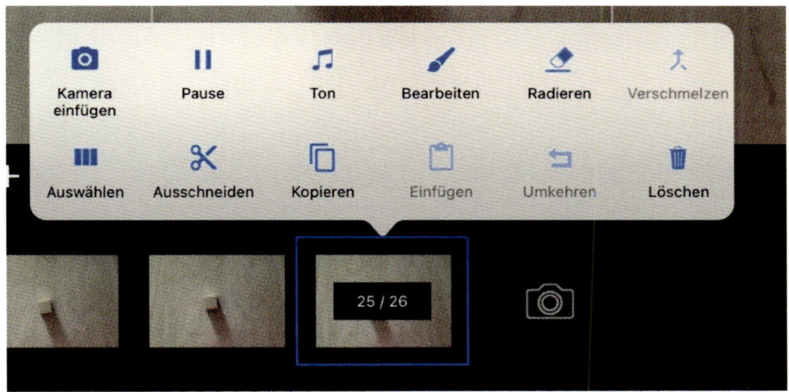

Durch die Auswahl von „Kamera einfügen" kann ein neuer Szenenabschnitt eingefügt, die bisher erstellte Bilderfolge pausiert oder der Ton weiterbearbeitet werden, z. B. durch Schneiden der Aufnahme oder Verändern der Sprachgeschwindigkeit. Das Bild kann im Bearbeitungsmodus in Helligkeit, Kontrast oder Größe verändert werden. Einzelne Elemente im Bild können durch Radieren entfernt werden. Es können auch mehrere Bilder ausgewählt und z. B. anschließend gelöscht werden. Das Bild kann ausgeschnitten und an anderer Stelle eingefügt werden. Um eine Bewegung eines Gegenstandes im Nachhinein zu verlangsamen oder an eine Tonaufnahme anzupassen, können Bilder kopiert und direkt anschließend eingefügt oder gelöscht werden. Dies ist nützlich, wenn der Gegenstand schon bewegt wurde oder weitere Bilder erstellt wurden. Zuletzt kann auch das einzelne Bild durch „Löschen" in der Bildfolge entfernt werden.

Informationen zur Erstellung eines Erklärvideos

Die Produktion von Lehrfilmen bietet sich an, da Schülerinnen und Schüler sich dabei intensiv mit einem mathematischen Sachverhalt auseinandersetzen müssen. Ein bereits bekanntes Thema kann so wiederholt und weiter gefestigt werden. Eine Filmerstellung kann aber auch als Einführung genutzt werden (z. B. Kennenlernen geometrischer Körper und deren Eigenschaften). Die Auseinandersetzung mit dem Thema geschieht auf unterschiedlichen Ebenen. Die Lernenden müssen sich Gedanken machen, wie sie ihre Erklärung zum einen verbalisieren und zum anderen im bewegten Bild veranschaulichen (im besten Fall mit mathematischen Materialien und parallel schriftlich mit der Stellenwerttafel®). Die Erarbeitung sollte in Gruppen stattfinden. Dreiergruppen bieten sich an, da während der Produktion unterschiedliche Rollen zugewiesen werden können. Die Produktion sollte strukturiert in Phasen erarbeitet und mit einem gemeinsamen Abschluss beendet werden (z. B. Präsentieren der erstellten Lehrfilme mit Peer-Feedback). Ein Arbeitsprozess kann wie folgt aussehen:

Inhalt erarbeiten (ca. ein bis zwei Unterrichtsstunden)
Die Schülerinnen und Schüler erklären sich gegenseitig den mathematischen Sachverhalt und geben sich Feedback (z. B. Was war gut an der Erklärung? Was habe ich verstanden? Was habe ich nicht verstanden? Was kann man an der Erklärung besser machen?). Passende mathematische Materialien, um den Sachverhalt zu veranschaulichen, sollten zur Verfügung gestellt werden (für Rechenverfahren z. B. Dienesmaterial, Rechengeld, Stellenwerttafel® mit Stift oder Plättchen). Je nach Thema können das Internet oder andere Nachschlagewerke hilfreich sein. Ziel dieser Phase ist, eine gemeinsame Erklärung zu finden.

Storyboard I (ca. ein bis zwei Unterrichtsstunden)
Die gemeinsame Erklärung wird in einem Storyboard festgehalten. Die Schülerinnen und Schüler denken über die Einteilung der Erklärung nach (Szene), was in dem Film passieren soll (Handlung), wie die Erklärung versprachlicht wird (gesprochener Text) und die konkrete Umsetzung, also was im Film zu sehen sein soll (Skizze).

Regiesitzung (ca. eine Unterrichtsstunde)
Das erstellte Storyboard wird von der Gruppe vorgestellt und die anderen Kinder sowie die Lehrkraft geben Rückmeldungen. Das Storyboard kann der gesamten Klasse oder nur einer einzigen Gruppe präsentiert werden, die Lehrkraft kann direkt Rückmeldung geben oder die Storyboards zu Hause kommentieren.

Storyboard II (ca. eine Unterrichtsstunde)
Mithilfe der Rückmeldungen wird das Storyboard überarbeitet.

Lehrfilm (ca. zwei bis drei Unterrichtsstunden)
Der Lehrfilm wird erstellt. Rollen, wie z. B. Sprecher/Sprecherin, Regisseur/Regisseurin (Material verschieben) und Drehbuchautor/Drehbuchautorin (Anweisungen geben) können hilfreich sein.

Kennenlernen der App *Stop Motion Studio®*

Mithilfe der App kannst du z. B. eigene Rechengeschichten verfilmen oder mathematische Erklärungen veranschaulichen. Arbeitet in Gruppen zusammen, um die App und ihre Funktionen näher kennenzulernen. Ihr könnt oben rechts ein Gitter auf dem Bildschirm an- und abschalten. Das kann euch helfen, wenn ihr euer Material bewegen und das nächste Foto machen wollt.

Auf der linken Seite des Bildschirmes ist ein Regler. Macht ein paar Fotos, bewegt euer Material und verändert den Regler. Was könnt ihr auf dem Bildschirm beobachten? Schreibt auf.

Wenn ihr nach jedem Foto euer Material verschiebt, bevor ihr das nächste Foto macht, bewegt sich alles sehr schnell, wenn ihr euren Film abspielt. Überlegt gemeinsam, wie ihr es schafft, dass sich euer Material im Film langsamer bewegt. Probiert mehrere Möglichkeiten aus.

Macht mehrere Fotos und danach eine Tonaufnahme. Spielt dann den Film ab. Gibt es Dinge, auf die ihr bei der Filmaufnahme besonders achten wollt?

Auf was wollt ihr bei eurem Film noch achten?

Erklärvideo – Schriftliche Addition

Mithilfe der App kannst du ein Erklärvideo über die schriftliche Addition erstellen. Dabei kannst du Materialien benutzen und diese zum Leben erwecken. Arbeitet in Gruppen zusammen, findet eine gemeinsame Erklärung und erstellt dazu einen Film.

1. Erklärt euch gegenseitig, wie ihr bei der schriftlichen Addition rechnet. Nutzt dazu das angebotene Material. Wenn ihr euch nicht sicher seid, schaut noch mal in euren Büchern nach. Gebt euch gegenseitig Rückmeldung:
   - Was war gut an der Erklärung? Was habe ich verstanden?
   - Was habe ich nicht verstanden? Warum?
   - Was kann man anders machen?
2. Findet eine gemeinsame Erklärung und schreibt diese in ein Drehbuch. Überlegt euch, was ihr sagen wollt, und macht Skizzen, was im Film zu sehen sein soll.
3. Stellt euer Drehbuch den anderen Gruppen und eurer Lehrkraft vor und lasst euch Feedback geben.
4. Überlegt, welche Rückmeldungen besonders gut waren, und überarbeitet euer Drehbuch.
5. Erstellt gemeinsam den Lehrfilm. Verteilt dafür die folgenden Rollen:
   - Wer spricht den Text auf (Sprecher/Sprecherin)?
   - Wer macht die Fotos (Fotograf/Fotografin)?
   - Wer verschiebt das Material (Regisseur/Regisseurin)?
   - Wer kontrolliert, ob es so umgesetzt wird wie im Drehbuch (Drehbuchautor/Drehbuchautorin)?

Rollenverteilung

Rolle	Name
Sprecher/Sprecherin	
Fotograf/Fotografin	
Regisseur/Regisseurin	
Drehbuchautor/Drehbuchautorin	

Was habt ihr schon erledigt?

gemeinsame Erklärung gefunden	
Drehbuch erstellt	
Drehbuch vorgestellt	
Drehbuch überarbeitet	
Film erstellt	

Erklärvideo – Schriftliche Subtraktion

Mithilfe der App kannst du einen Lehrfilm über die schriftliche Subtraktion erstellen. Dabei kannst du Materialien benutzen und diese zum Leben erwecken. Arbeitet in Gruppen zusammen, findet eine gemeinsame Erklärung und erstellt dazu einen Film.

1. Erklärt euch gegenseitig, wie ihr bei der schriftlichen Subtraktion rechnet. Nutzt dazu das angebotene Material. Wenn ihr euch nicht sicher seid, schaut noch mal in euren Büchern nach. Gebt euch gegenseitig Rückmeldung:
   - Was war gut an der Erklärung? Was habe ich verstanden?
   - Was habe ich nicht verstanden? Warum?
   - Was kann man anders machen?
2. Findet eine gemeinsame Erklärung und schreibt diese in ein Drehbuch. Überlegt euch, was ihr sagen wollt, und macht Skizzen, was im Film zu sehen sein soll.
3. Stellt euer Drehbuch den anderen Gruppen und eurer Lehrkraft vor und lasst euch Feedback geben.
4. Überlegt, welche Rückmeldungen besonders gut waren und überarbeitet euer Drehbuch.
5. Erstellt gemeinsam den Lehrfilm. Verteilt dafür die folgenden Rollen:
   - Wer spricht den Text auf (Sprecher/Sprecherin)?
   - Wer macht die Fotos (Fotograf/Fotografin)?
   - Wer verschiebt das Material (Regisseur/Regisseurin)?
   - Wer kontrolliert, ob es so umgesetzt wird wie im Drehbuch (Drehbuchautor/Drehbuchautorin)?

Rollenverteilung

Rolle	Name
Sprecher/Sprecherin	
Fotograf/Fotografin	
Regisseur/Regisseurin	
Drehbuchautor/Drehbuchautorin	

Was habt ihr schon erledigt?

gemeinsame Erklärung gefunden	
Drehbuch erstellt	
Drehbuch vorgestellt	
Drehbuch überarbeitet	
Film erstellt	

Szene	Handlung	Gesprochener Text	Skizze

Szene	Handlung	Gesprochener Text	Skizze

Steckbrief: *Klötzchen®*

Typ

☒ Mobile Endgeräte ☒ Download ☐ Link

Einsatzgebiet

3. Schuljahr, Bauen von Würfelgebäuden und Erstellen von Bauplänen

Betriebssystem / Preis

Mobile Endgeräte: iOS® / kostenlos
Download: Version für Mac® / kostenlos

Kurze Beschreibung

In der App *Klötzchen®* können mit Würfeln dreidimensionale Gebäude gebaut, entsprechende Baupläne angezeigt und so die Raumorientierung der Schülerinnen und Schüler gefördert werden. Neben der dreidimensionalen Ansicht und dem Bauplan kann das Gebaute zusätzlich in einer Zweitafelperspektive, als Schrägbild in Kavalierperspektive oder isometrischer Darstellung eingeblendet werden. Außerdem kann das Setzen der Klötzchen® programmiert werden.
Aufgabenstellungen, die zur Exploration anregen können, sind:

- Wie viele unterschiedliche Gebäude kannst du mit drei Klötzchen® auf einem 2 x 2 oder 3 x 3-Feld bauen?
- Wie viele Würfelvierlinge kannst du bauen?
- Welche Würfelvierlinge sind identisch, besitzen aber einen anderen Bauplan?

Durch die Schrägbilder und unterschiedlichen Baupläne wird die Raumorientierung gefördert.

Bedienung

Der Bildschirm der App ist zweigeteilt. Auf der linken Seite können die Klötzchen®-Gebäude konstruiert werden, auf der rechten Seite entsteht je nach Einstellung der dazugehörige Bauplan, die Zweitafelperspektive, die Kavalierperspektive, die isometrische Darstellung oder der entsprechende Code. Welche der Ansichten gewünscht ist, kann über die Menüleiste am unteren Bildschirmrand ausgewählt werden. Dort kann auch über das Symbol ganz links bzw. ganz rechts entweder die Konstruktions- oder die Bauplanseite ganz ausgeblendet werden.

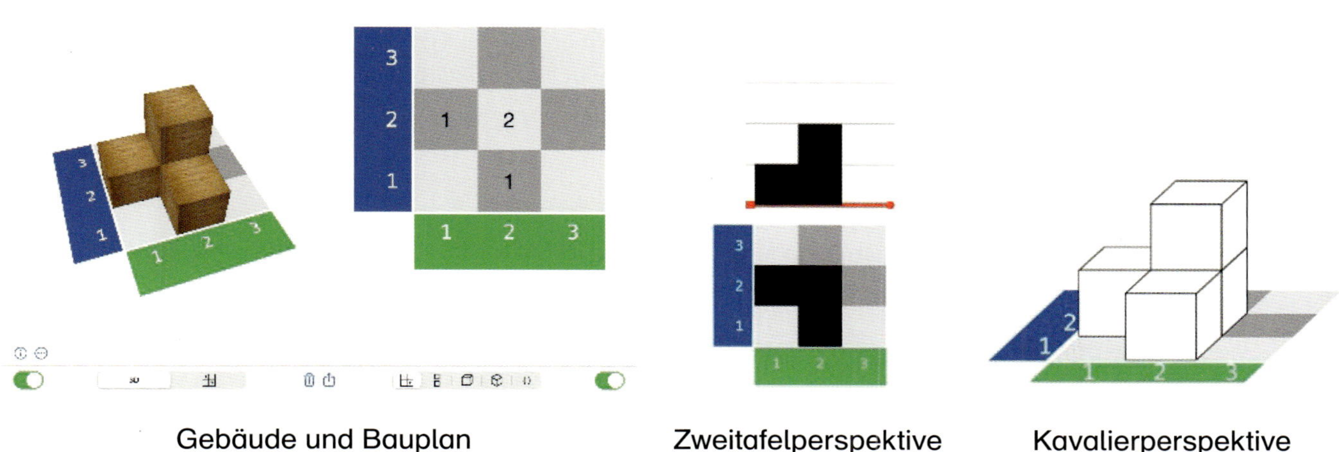

Gebäude und Bauplan Zweitafelperspektive Kavalierperspektive

Gebäude mit Würfeln können durch einfaches Tippen auf das Feld erzeugt werden. Wird ein einzelner Stein nach dem Klicken kurze Zeit gehalten, wird dieser wieder gelöscht. Durch Klicken auf das Papierkorbsymbol kann das Gebäude gelöscht werden. Die Würfelgebäude können mit dem Symbol für Exportieren gespeichert werden. Hierfür kann in einem weiteren Menü ausgewählt werden, in welcher Ansicht abgespeichert werden soll.

Unter den Einstellungen im iOS®-System (Einstellungssymbol Zahnrad) können weitere Veränderungen vorgenommen werden: Achsenmarkierungen und Beschriftungen können ein- bzw. ausgeblendet werden (durch die Möglichkeit, das Feld mit dem Gebäude zu drehen, kann die Markierung für die Schülerinnen und Schüler beim Lesen des Bauplanes eine Unterstützung darstellen), das Feld kann verkleinert oder vergrößert werden und es können Konstruktions- und Bauplanfelder zwischen 3 x 3 und 10 x 10 eingestellt werden. So bietet sich die Möglichkeit der Differenzierung.
Auch die Art der Würfel kann verändert werden. Zur Auswahl stehen neben den gewöhnlichen Klötzchen auch die aus dem Unterricht bekannten Steckwürfel und sogenannte magische Würfel, bei denen das konstruierte Gebäude zum Teil oder auch ganz über dem Feld schweben kann.

Anwendungsempfehlungen

Die *Klötzchen®*-App bietet vielseitige Möglichkeiten für Einzel- und vor allem Partnerarbeit an. Es empfiehlt sich für Aufgaben, die zu zweit gelöst werden sollen, das Tablet sowie haptische Materialien (Würfel und Baupläne) parallel einzusetzen. So auch bei der nachfolgend erläuterten Methode des Baudiktats.

Einführung Baudiktat

Aufgabe ist, Würfelgebäude mit einem Bauplan zu erstellen. Es sollte vorab geklärt werden, dass die Flächen oder die Kanten der Würfel sich berühren müssen. Um den Schülerinnen und Schülern die Notwendigkeit eines Bauplans näherzubringen, bietet sich zunächst eine Partnerarbeit ohne Tablet an. Jedes Kind bekommt dabei vier Würfel. Dann werden Zweierteams gebildet und die Kinder setzen sich jeweils Rücken an Rücken hin. Eines der Kinder baut ein Gebäude aus seinen Würfeln und beschreibt es dem anderen. Nach einem Vergleich der Gebäude werden die Rollen getauscht.

Erstellung eines Wortspeichers

Den Schülerinnen und Schülern wird schnell auffallen, dass die Gebäude nicht gleich aussehen. Begriffe wie *links*, *rechts*, *oben*, *unten* werden möglicherweise verwendet, aber nicht einheitlich umgesetzt. In einer gemeinsamen Phase (z. B. Sitzkreis) kann ein Bauplan eingeführt werden. Um die Umsetzung weiterer Bauaufgaben zu erleichtern, kann ein Wortspeicher erstellt werden (Reihe / Zeile / Spalte, oben / unten / Mitte, rechts / links). Beispiel eines Wortspeichers (auf einem Bauplan):

<table>
<tr><td>1. Reihe
oben
links</td><td>1. Reihe
oben
Mitte</td><td>1. Reihe
oben
rechts</td></tr>
<tr><td>2. Reihe
Mitte
links</td><td>2. Reihe
Mitte
Mitte</td><td>2. Reihe
Mitte
rechts</td></tr>
<tr><td>3. Reihe
unten
links</td><td>3. Reihe
unten
Mitte</td><td>3. Reihe
unten
rechts</td></tr>
</table>

Alltagsbezug

Als Alltagsbezug können das Bauen mit Lego nach Plan oder die Arbeit von Architekten / Architektinnen herangezogen werden. So kann ein fiktiver Architekt / eine fiktive Architektin die Hilfe der Schülerinnen und Schüler benötigen, um ein besonders schönes Gebäude zu bauen. Die Baupläne können dann in einem Umschlag dem Architekten / der Architektin zugeschickt werden, der / die Rückmeldung zu den Gebäuden gibt.

Kennenlernen der App *Klötzchen®*

Mithilfe der App kannst du auf der einen Seite mit Würfeln Gebäude bauen. Auf der anderen Seite entsteht der passende Bauplan. Du kannst auch einen Bauplan anlegen und schauen, wie das Gebäude dazu aussieht.

Setze auf dem Feld ein paar Würfel. Jetzt halte deinen Finger auf dem Feld und bewege ihn. Was passiert? Was passiert mit dem Bauplan? Male oder schreibe auf.

Du kannst einen oder beide Seiten des Bildschirmes ausblenden. Was meinst du, wie das geht? Probiere verschiedene Symbole aus. Womit hast du es geschafft? Male oder schreibe auf.

Wenn du ein Gebäude speichern willst, klicke auf ⇧.
Klicke nun auf „Würfelgebäude speichern" und frage deine Lehrkraft, wo du das Bild speichern kannst.

Baudiktat – Bauplan erstellen

Beim Nachbauen eines Würfelgebäudes ist der Bauplan sehr wichtig.
Der Wortspeicher kann euch beim gemeinsamen Bauen helfen.
Vergleicht eure erstellten Baupläne mit dem Tablet.

Blendet auf dem Tablet den Bauplan aus. Ein Kind baut auf dem Tablet ein Gebäude und beschreibt es. Das andere Kind erstellt den Bauplan auf dem Arbeitsblatt. Blendet den Bauplan auf dem Tablet wieder ein und vergleicht. Was hat gut geklappt? Woran müsst ihr vielleicht noch arbeiten? Dann tauscht die Rollen. Jedes Kind erstellt vier Baupläne.

Baudiktat – Würfelgebäude bauen

Beim Nachbauen eines Würfelgebäudes ist der Bauplan sehr wichtig.
Der Wortspeicher kann euch beim gemeinsamen Bauen helfen.
Vergleicht eure erstellten Würfelgebäude mit dem Tablet.

Eine Person schreibt auf das Arbeitsblatt einen Bauplan mit höchstens acht Klötzchen und beschreibt damit ein Gebäude. Die andere Person baut das Gebäude mit Würfeln auf eine Vorlage. Übertragt den Bauplan auf das Tablet und blendet das Feld zum Bauen ein. Vergleicht das gebaute Gebäude mit dem Gebäude auf dem Tablet. Was hat gut geklappt, woran müsst ihr vielleicht noch arbeiten? Tauscht die Rollen. Jedes Kind baut vier Gebäude.

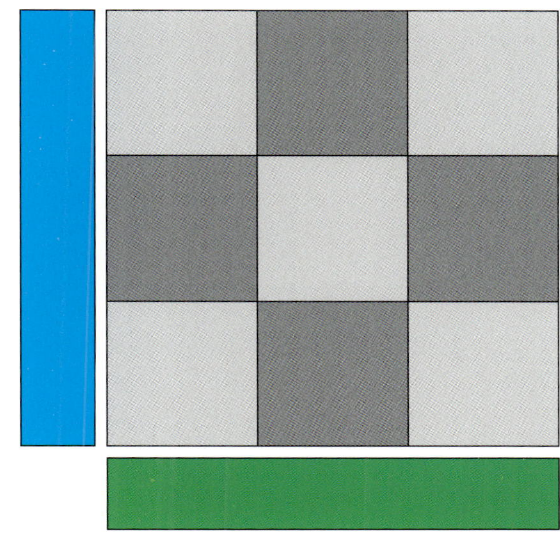

Wie viele Gebäude kannst du bauen?

Mit der App kannst du viele unterschiedliche Würfelgebäude bauen. Du kannst viele oder wenige Würfel dafür benutzen. Du kannst mit nur fünf Würfeln unterschiedliche Gebäude bauen.

Baue mit den Würfeln vier Gebäude und schreibe die passenden Baupläne auf das Arbeitsblatt. Vergleiche mit einem anderen Kind.

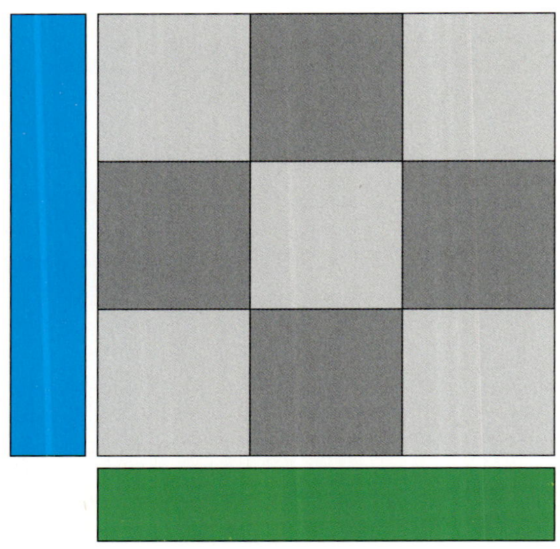

Habt ihr die gleichen Gebäude gebaut? Was fällt euch auf?

Findet ihr noch mehr mögliche Baupläne? Zeichnet ein.

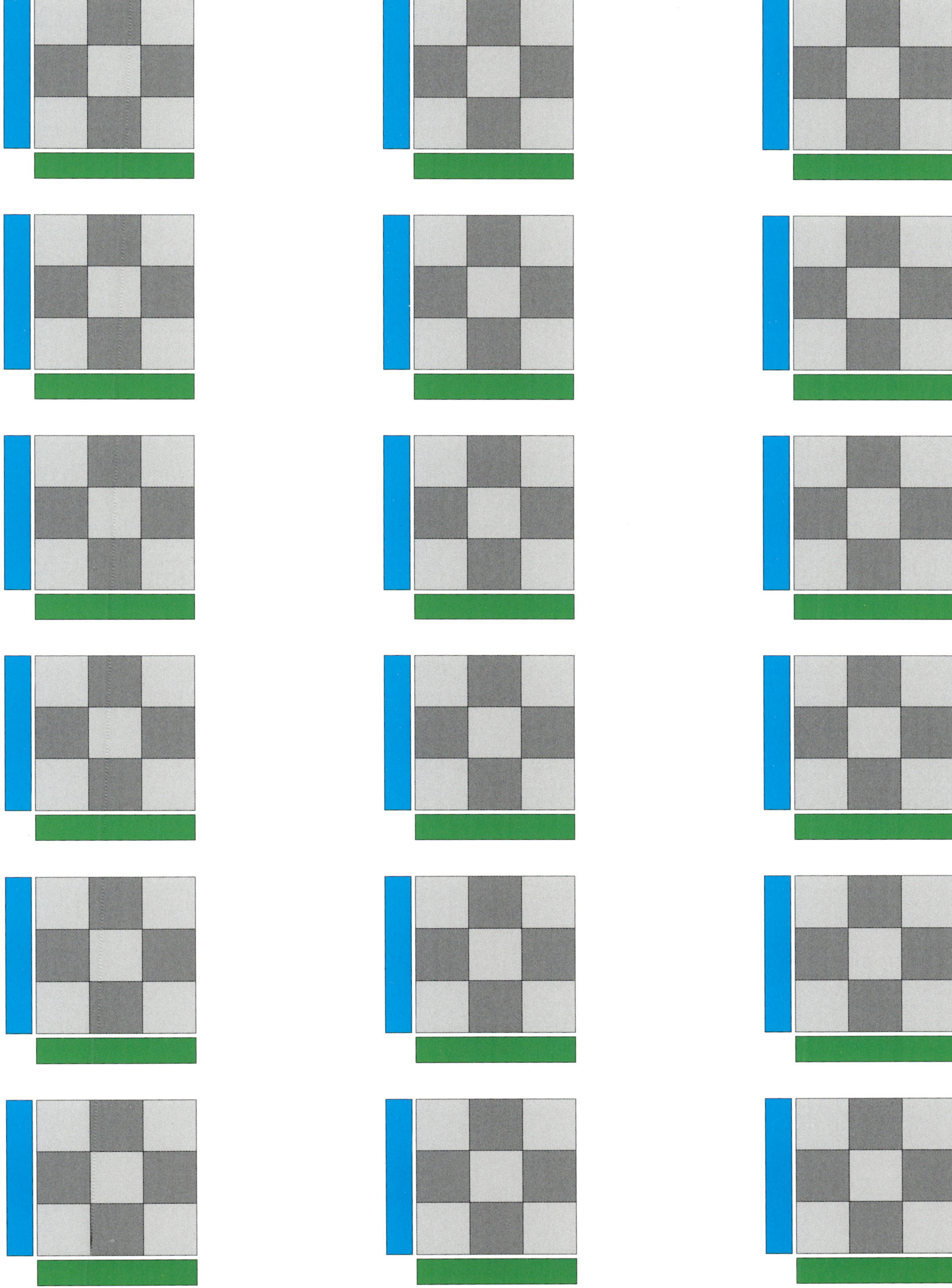

Steckbrief: *Book Creator®*

Typ

☒ Mobile Endgeräte ☐ Download ☒ Link

Einsatzgebiet

3. Schuljahr – geometrische Körper in der Umwelt und ihre Eigenschaften

Betriebssystem / Preis

Mobile Endgeräte: iOS® / 2,99 €
Link: Google Chrome®, Safari®, Microsoft Edge® / kostenlos bis zu 40 Bücher

Kurze Beschreibung

Mithilfe der App *Book Creator®* können eigene Bücher erstellt werden. Auf den einzelnen Seiten können selbst aufgenommene Bild-, Video- oder Audiodateien von dem genutzten Gerät oder Dateien aus dem Internet sowie Texte und Freihandzeichnungen integriert werden. Die Bücher können als PDF oder im Videoformat exportiert werden. So entstehen kreative Produkte zu einem mathematischen Thema.
Folgende Aufgabenstellungen sind z. B. möglich:

- Baue einen geometrischen Körper aus Papier. Dokumentiere deine einzelnen Schritte, indem du Fotos davon machst und aufschreibst, was du machst.
- Löse eine Subtraktions- oder Additionsaufgabe schriftlich und nutze für jeden Schritt eine neue Seite. Erstelle für jede Seite Tonaufnahmen deines Rechenweges.
- Baue aus Würfeln und einem Bauplan ein Würfelgebäude. Mache ein Foto und beschreibe dein Gebäude mithilfe einer Tonaufnahme.

So setzen sich Kinder intensiv mit einem mathematischen Thema auseinander und können dessen Inhalte vertiefen.

Bedienung

Startseite

In der App-Version ist es möglich, mehrere Bücher sowie Bibliotheken, in denen Bücher thematisch gespeichert werden können, anzulegen. Auf dem Startbildschirm kann eine neue Bibliothek eingerichtet bzw. ein neues Buch erstellt werden oder ein vorhandenes Buch abgespielt oder exportiert werden. Innerhalb einer Bibliothek können weitere thematische Bücherregale erstellt werden. In der Webversion kann lediglich ein Bücherregal erstellt werden.

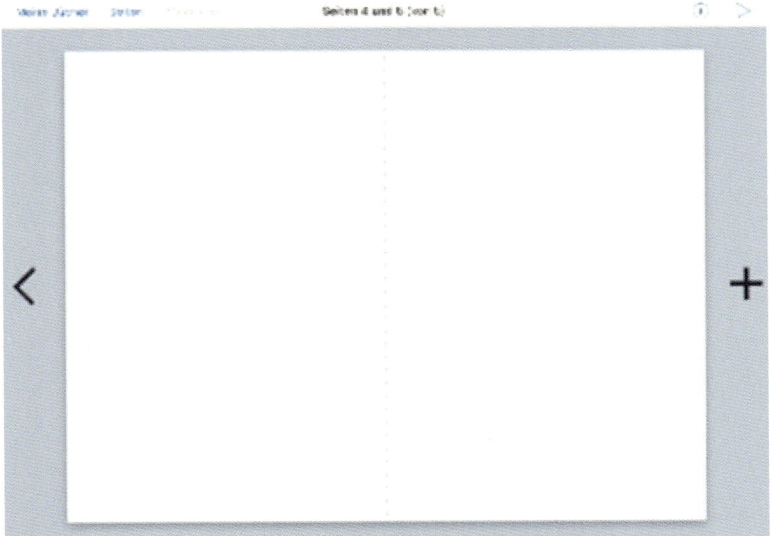

Erstellen eines Buches

Nach dem Öffnen eines neuen Buches können unterschiedliche Formate ausgewählt werden. Dann kann eine Deckseite gestaltet werden. Durch das Klicken auf das Plussymbol auf der rechten Seite des Bildschirms können neue Seiten hinzugefügt werden, durch das Klicken auf die Pfeile kann im Buch geblättert werden. Am oberen Bildschirmrand gelangt man auf der linken Seite über „Meine Bücher“ auf die Startseite zurück, über „Seiten“ auf eine Übersicht aller Seiten des aktuellen Buches und über „Widerrufen“ können die letzten Aktionen rückgängig gemacht werden.

Auf der rechten Seite befinden sich die Einstellungsmöglichkeiten, um die Seiten zu bearbeiten oder das Buch abzuspielen bzw. vorlesen zu lassen: So können durch Klicken auf das Plussymbol Bilder von dem Gerät oder aus dem Internet, eigene Bilder, Freihandzeichnungen, Texte oder Tonaufnahmen hinzugefügt werden. Über das Kamerasymbol öffnet sich die Kamera des Tablets und es kann ein Bild für das Buch erstellt werden.

Das Bild erscheint zunächst auf der kompletten Seite. Es ist durch einen blauen Rahmen markiert und kann durch Ziehen der Eckpunkte verkleinert oder vergrößert sowie durch das Berühren und Schieben mit dem Finger bewegt bzw. mit zwei Fingern gedreht werden. Durch längeres Drücken auf das Bild kann dieses kopiert, gelöscht oder geschützt werden. „Schützen“ bedeutet, dass das Bild nicht verschoben oder von der Größe her verändert werden kann.

Neben Bildern können auch Tonaufnahmen über das Mikrofonsymbol eingefügt werden. Bei Einfügen einer Tonaufnahme entsteht auf dem Blatt ein Lautsprechersymbol, mit dem genauso wie mit einem eingefügten Bild verfahren werden kann.

Das fertige Buch kann als PDF ohne Ton und Video oder im Videoformat, um auch Ton- und Videoaufnahmen abzuspielen, gespeichert werden. Ein Film kann beim Präsentieren auch immer pausiert werden.

Kennenlernen der App *Book Creator®*

Mit der App kannst du eigene Bücher erstellen. Du kannst auf den einzelnen Seiten Notizen, Bilder, Videos oder Tonaufnahmen erstellen. Du kannst dir jede Seite farblich anders gestalten.

Öffne unter „Neues Buch“ dein eigenes Buch. Wähle ein Format, in dem du dein Buch gestalten willst. Um neue Seiten zu erstellen, klicke neben deinem Buch auf „Plus“.

Du kannst in deinem Buch eigene Fotos machen und einfügen, klicke dafür auf das „Plus“ am oberen Bildschirmrand und dann auf „Kamera“. Wie kannst du das Foto danach verändern? Probiere es aus und beschreibe!

____

____

____

Du kannst deinem Bild auch einen Titel oder Untertitel geben. Findest du heraus, wie das geht? Beschreibe.

____

____

____

Erstelle eine Tonaufnahme zu deinem Bild. Wie geht das? Welches Symbol nutzt du dazu? Zeiche es auf und beschreibe.

Steckbrief eines Körpers

Mit der App kannst du eigene Bücher erstellen. Du kannst auf den einzelnen Seiten Notizen, Bilder, Videos oder Tonaufnahmen machen.
Erstellt in der Gruppe ein Buch über einen geometrischen Körper.
Wo könnt ihr ihn in der Umwelt finden?

Erstellt mit der App ein Buch über einen geometrischen Körper. Wählt hierfür einen aus:

Würfel	Quader	Kegel	Kugel	Pyramide	Prisma	Zylinder

Was sollte alles in eurem Steckbrief über den Körper vorkommen?

- Name des Körpers
- Skizze des Körpers
- Anzahl der Ecken, Kanten, Flächen
- Besonderheiten des Körpers
- Wo findet ihr den Körper in eurer Umwelt (macht z. B. Fotos)

Hier ist Platz für Notizen, die ihr später für euer Buch gebrauchen könnt:

Was kann noch in das Buch?

- Macht Fotos der Körper aus der Umwelt (Klassenzimmer, Flure, Schulhof ...).
- Baut euren Körper nach und macht Fotos (Knete, Legosteine, Streichhölzer ...).
- Beschreibt, was ihr beim Bauen gemacht habt.
- Macht eine Tonaufnahme und beschreibt den Körper.

Steckbrief: *Sketchometry®*

Typ

☒ Mobile Endgeräte ☒ Download ☒ Link

Einsatzgebiet

4. Schuljahr – Eigenschaften verschiedener Vierecke, Haus der Vierecke

Betriebssystem/Preis

Mobile Endgeräte: iOS®, Android®, Windows®/kostenlos
Download: Version für Mac®, Windows® und Linux® über Google Chrome®/kostenlos
Link: verschiedene Browser/kostenlos

Kurze Beschreibung

Mit der App *Sketchometry®* können Figuren gezeichnet werden. Die Software erstellt auf Basis der Zeichnung automatisch geometrische Formen, die durch Ziehen der Eckpunkte verändert werden können. Das Abmessen von Seiten, Umfängen und Winkeln und das Notieren an der entsprechenden Stelle ist mithilfe der App möglich. Es können mehrere Formen nebeneinander konstruiert und beschriftet sowie nach ihren Eigenschaften geordnet werden.
Neben dem eigenen Konstruieren von geometrischen Formen wären mögliche Aufgabenstellungen, denen die Schülerinnen und Schüler nachgehen können:

- Zeichne ein Quadrat. Verändere es so, dass ein Rechteck entsteht. Beschreibe, was du gemacht hast.
- Zeichne ein Viereck. Lass das Programm die Seiten messen. Was musst du machen, dass aus dem Viereck ein Quadrat entstehen kann?
- Zeichne ein Bild mit geometrischen Formen. Beschreibe dein Bild einem anderen Kind, ohne dass es zu sehen ist. Vergleicht eure beiden Zeichnungen.

Auf diese Weise wiederholen die Schülerinnen und Schüler die Eigenschaften geometrischer Formen und vertiefen die Beziehungen der Formen untereinander.

Bedienung

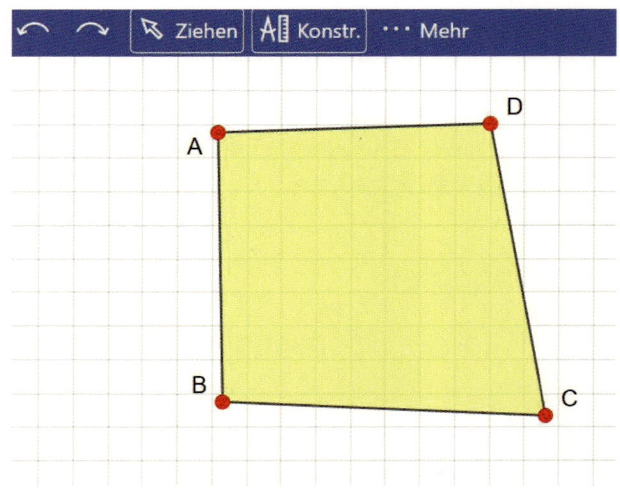

Am oberen Bildschirmrand befindet sich die Menüleiste der Software. Ist in der Leiste das Feld „Konstr." ausgewählt und weiß umrandet, kann mit der Computermaus oder dem Finger eine Figur gezeichnet werden. Die Software zeigt am oberen Bildschirm an, welche Form daraus generiert wird. Wurde die richtige Form erkannt, kann der Bildschirm losgelassen werden und die Form wird erzeugt. Die Eckpunkte werden dabei automatisch beschriftet.
Die Konstruktion kann durch Klicken auf „Ziehen" verändert werden. Um die Bedienung für die Kinder zu vereinfachen, sollten sie vor dem Verschieben der Formen das Feld „Konstr." deaktivieren. Wird nicht direkt die Form mit dem Finger oder der Computermaus getroffen, wird sonst ein neuer Punkt konstruiert, anstatt die Form zu verändern oder zu verschieben. Mit den Pfeilen auf der linken Seite der Menüleiste können für diesen Fall auch Aktionen rückgängig gemacht werden.
Unter dem Menüpunkt „Mehr" können weitere Veränderungen vorgenommen werden, die für die Konstruktion von Formen hilfreich sein können, z. B. das Anzeigen der Winkelgröße an den Eckpunkten. Dies kann hilfreich sein, um Vierecke mit rechten Winkeln konstruieren zu können oder die Unterschiede zwischen Dreiecken zu vertiefen. Um Beschreibungen vorzunehmen, ist es auch möglich, einen Text einzufügen. Des Weiteren kann ein Lineal eingeblendet werden, um Seitenlängen virtuell abzumessen. Um genauere Abmessungen vornehmen zu können, bietet die App an, die Seitenlängen automatisch zu ermitteln. Durch das Klicken auf „Messen", auf der rechten Seite der Menüleiste, werden die Strecken von einem zum nächsten Eckpunkt ausgemessen. Zunächst müssen zwei Punkte ausgewählt werden (z. B. A und B), anschließend eine Stelle, an der die Maße notiert werden sollen.

Eine Notiz zu der Figur kann auch durch das Stiftsymbol verschriftlicht werden.
Wird eine Figur markiert und dann das Feld „Eigensch." ausgewählt, öffnet sich ein weiteres Menü. In diesem können die Form beschriftet oder die Seiten sowie die Fläche farblich verändert werden. Für die Grundschule sind des Weiteren das Papierkorbsymbol, um eine oder alle Formen zu löschen, und das „Zeige Gitter"-Symbol, um ein Raster im Hintergrund einzublenden, relevant.

Mit der App kannst du Figuren zeichnen, die dann zu geometrischen Formen werden. Du kannst eine Figur zeichnen, indem du mit deinem Finger über den Bildschirm fährst. Du kannst danach deine Figur noch verändern, indem du die Ecken verschiebst. Achte darauf, dass du das Feld „Konstr." deaktivierst, bevor du eine Form verändern möchtest.

Um eine Figur zeichnen zu können, musst du auf „Konstr." klicken. Achte darauf, dass das Symbol weiß umrandet ist, damit du zeichnen kannst. Um deine Figur zu bewegen, klicke „Ziehen" und deaktiviere „Konstr.". Zeichne verschiedene Figuren.

Zeichne ein Rechteck. Indem du die Ecken verschiebst, kannst du das Rechteck verändern. Welche anderen Vierecke kannst du aus dem Rechteck machen? Skizziere sie und notiere dazu, was du verändert hast.

Zeichne ein Quadrat. Du kannst die Seiten von der App messen lassen. Klicke auf „Messen". Jetzt kannst du die Ecken einzeln auswählen und bestimmen, dass z. B. $\overline{AB}$ abgemessen wird. Klicke noch einmal über die Seite und die App zeigt dir die Länge an. Wiederhole es an allen Seiten. Ist dein Quadrat auch wirklich ein Quadrat? Warum oder warum nicht? Begründe.

Wie kannst du aus dem Quadrat ein Rechteck machen? Wie helfen dir dabei die Längen der Seiten? Probiere mit der App und beschreibe.

Mit der App kannst du geometrische Formen zeichnen und bearbeiten. Die Punkte und Seiten kannst du mit deinem Finger verändern. So kannst du die Form in der Größe verändern oder neue Formen entstehen lassen.

Über welches Viereck erstellst du einen Steckbrief? Kreuze an.

allgemeines Viereck	Quadrat	Rechteck	Parallelogramm	Trapez	Drache	Raute

Zeichnet mit der App euer Viereck. Klebt einen Screenshot davon in den Steckbrief oder zeichnet es nach.

Name des Vierecks:

____

____

Anzahl der Ecken: _______________

Anzahl der Seiten: _______________

Beispielbild des Vierecks:

Verändert das Aussehen eures Vierecks in der App, indem ihr die Seiten oder Ecken verschiebt. Achtet darauf, dass es dennoch die Besonderheiten eures Vierecks besitzt. Zeichnet hier einige eurer Vierecke oder klebt Screenshots davon ein. Markiert die Besonderheiten des Vierecks. Was könnt ihr verändern, was muss gleich bleiben?
Tipp: Beachtet z. B. die Größe der Winkel und vorhandene Symmetrien.

Besonderheiten des Vierecks:

____

____

____

Haus der Vierecke

Mit der App kannst du geometrische Formen zeichnen und bearbeiten.
Die Punkte und Seiten kannst du mit deinem Finger verändern.
So kannst du die Form in der Größe verändern oder neue Formen entstehen lassen.

Kennst du das Haus der Vierecke? Dort wohnen alle Vierecke. Anhand der Besonderheiten der Vierecke kannst du erkennen, in welchen Räumen sie wohnen. Das Viereck mit den meisten Besonderheiten wohnt unterm Dach, das Viereck mit den wenigsten Besonderheiten im Keller. Die Vierecke im zweiten Stock haben einiges mit dem Viereck aus dem Dach gemeinsam, die Vierecke im ersten Stock einiges mit den Vierecken im zweiten. Mithilfe der Besonderheiten kannst du die Vierecke also ordnen:

- Welche Vierecke haben die gleichen Besonderheiten?
- Welche Vierecke haben Besonderheiten, die andere nicht haben?

Nutzt die Steckbriefe, die ihr zu den Vierecken erstellt habt. Ihr könnt die Vierecke auch mit der App noch einmal zeichnen. Ordnet sie dann in das Haus ein.

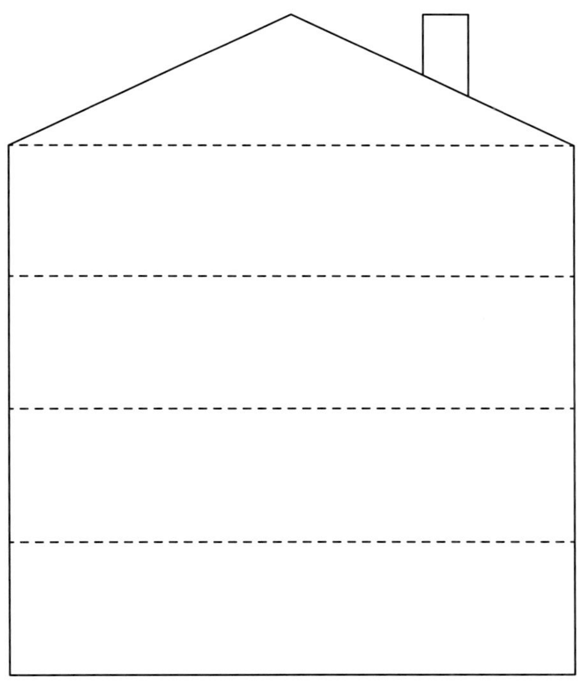

Steckbrief: *Geoboard®*

Typ

☒ Mobile Endgeräte ☒ Download ☒ Link

Einsatzgebiet

4. Schuljahr, Achsen- und Drehsymmetrie

Betriebssystem/Preis

Mobile Endgeräte: iOS®, Android® über Google Chrome®/kostenlos
Download: Version für MacOS®, Windows® und Linux® über Google Chrome®/kostenlos
Link: verschiedene Browser/kostenlos

Kurze Beschreibung

Mit der App *Geoboard®* können virtuell Gummibänder über verschiedene Geobretter gespannt werden. Die entstandenen Formen können beliebig verändert werden. Eine Weiterbearbeitung des entstandenen Bildes ist durch Einfügen von Texten oder Freihandzeichnungen möglich. Auch das Teilen mit anderen Schülerinnen und Schülern sowie der Lehrkraft ist möglich. Die Lehrkraft kann so einen Zwischenstand oder die Ergebnisse der Arbeiten einholen. Die App ist nur auf Englisch verfügbar, ist aber ohne weitere Sprachkenntnisse bedienbar. Neben dem Konstruieren geometrischer Formen können die Schülerinnen und Schüler auch folgende mathematische Gebiete erkunden:

- das Spiegeln und Verschieben von Formen
- Kopfgeometrie
- Brüche

Bedienung

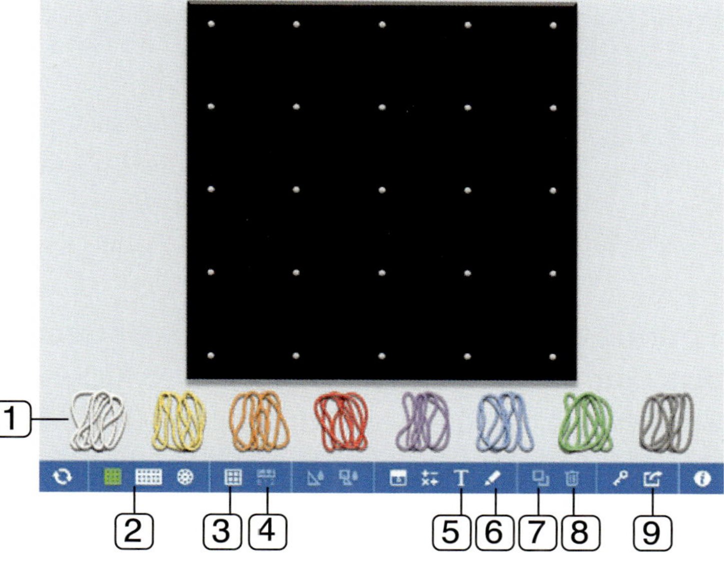

Die Geobretter

Es stehen drei unterschiedliche Geobretter zur Auswahl (Quadrat, Rechteck oder Kreis) und unterhalb des Brettes befinden sich unterschiedlich farbige Gummibänder (1). Die Bänder können in unbegrenzter Anzahl genutzt werden, um Figuren oder geometrische Formen zu spannen.
Als Hilfestellungen können über die Menüleiste entweder ein Gitter (3) oder Zahlen ähnlich einem Koordinatensystem (4) auf dem Brett eingeblendet werden.

Erzeugen geometrischer Formen und Figuren

Um eine Figur oder geometrische Form zu spannen, wird ein Gummiband berührt und auf einen „Nagel" gezogen. Das Band spannt sich dann automatisch unter- oder oberhalb um einen weiteren „Nagel". Anschließend kann das Gummiband entweder von einem der Punkte aus nach oben oder unten in die Länge gezogen werden oder, wie bei dem physischen Material, mittig berührt bzw. angeklickt und zu einem beliebigen weiteren „Nagel" ausgedehnt werden.

Arbeiten mit geometrischen Formen

Die entstandenen Formen können mithilfe von Texten (5) oder eigenen Zeichnungen (6) weiterbearbeitet werden. Mit dem Klicken auf das Zeichensymbol öffnet sich ein weiteres Menü, indem Freihandzeichnungen, Konstruieren von Linien, Farbauswahl, Radierer oder das Löschen aller Zeichnungen zur Verfügung stehen. Auf diese Weise können Symmetrieachsen eingezeichnet oder Drehsymmetrien verdeutlicht werden.
Über das Symbol Kopieren (7) kann eine markierte Figur vervielfältigt und so z. B. an einem Punkt mehrmals abgebildet werden, um die Drehsymmetrie zu verdeutlichen. Über das Papierkorbsymbol (8) können einzelne markierte Figuren gelöscht werden.
Die konstruierten Abbildungen können auch mit anderen geteilt werden. Hierfür kann durch das Klicken auf das Symbol Teilen (9) entweder das Bild gespeichert, ein Link, der sich automatisch generiert, versendet oder das Bild mithilfe einer Code-Eingabe auf einem anderen Gerät geöffnet werden.

Kennenlernen der App *Geoboard®*

Mit der App kannst du unterschiedliche Figuren und Formen mit Gummibändern spannen. Dafür kannst du verschiedene farbige Bänder auswählen. Hast du eine Figur gespannt, kannst du diese jederzeit verändern.

Spanne ein Gummi zwischen zwei Nägel. Finde heraus, an welchen Stellen du das Gummi ziehen kannst, um eine Figur entstehen zu lassen.
Spanne jetzt mit einem Gummi ein Quadrat. Verändere das Quadrat so, dass ein Rechteck entsteht. Was hast du gemacht? Beschreibe.

____

____

____

Kannst du nun aus dem Rechteck ein Dreieck machen? Was hast du gemacht? Beschreibe.

____

____

Spanne wieder ein Quadrat. Auf welche Weise kannst du das Quadrat so teilen, dass genau zwei gleiche Hälften entstehen? Spanne dafür ein weiteres Gummi und zeichne ein. Probiere das auch bei unterschiedlich großen Quadraten. Geht das bei allen Quadraten?

Manchmal kann in der Mitte kein Gummi gespannt werden. Klicke auf den Stift. Wie kannst du die Mitte dieser Quadrate finden? Zeichne ein und beschreibe, wie du die Mitte gefunden hast.

____

____

Achsensymmetrien

Mit der App kannst du unterschiedliche Formen mit Gummibändern spannen. Du kannst mithilfe des Geobretts die Formen spiegeln. Mit dem Stift kannst du die Symmetrieachse einzeichnen.

Spanne mit der App verschiedene Formen auf dem Geobrett. Finde heraus, ob die Form achsensymmetrisch ist. Mithilfe eines Spiegels kannst du es überprüfen. Mit dem Stiftsymbol kannst du die Symmetrieachse einzeichnen. Übertrage mit dem Lineal deine gefundenen Formen und die Symmetrieachsen. Markiere die Achse farbig.

Drehsymmetrie

Mit der App kannst du unterschiedliche Formen mit Gummis spannen. Du kannst mithilfe des Geobretts die Formen drehen. Mit dem Stift kannst du den Drehpunkt einzeichnen.

Spanne mit der App verschiedene Formen auf dem Geobrett. Finde heraus, ob die Form drehsymmetrisch ist. Mit dem Stiftsymbol kannst du den Drehpunkt einzeichnen. Übertrage mit dem Lineal deine Formen aufs Blatt und markiere den Drehpunkt farbig.

Steckbrief: *Diagramm Generator®*

Typ

☒ Mobile Endgeräte ☐ Download ☒ Link

Einsatzgebiet

3./4. Schuljahr, Umfragen durchführen, Diagrammarten kennenlernen und erstellen

Betriebssystem/Preis

Mobile Endgeräte: iOS® und Android®/kostenlos
Link: verschiedene Browser/kostenlos

Kurze Beschreibung

Mithilfe der App *Diagramm Generator®* können Säulen-, Linien- und Kreisdiagramme erstellt werden. Durch das Eintragen von Daten wird die ausgewählte Diagrammart automatisch generiert. So können gesammelte Daten aus einer Umfrage eingetragen und das Ergebnis schnell abgelesen und besprochen werden.

Im 4. Schuljahr können durch den einfachen Wechsel der Diagrammarten die Unterschiede der Darstellungsarten mit den Schülerinnen und Schülern thematisiert und verglichen werden. Die Schülerinnen und Schüler entdecken so mit wenig Aufwand Diagramme und entdecken verschiedene Darstellungsarten ihrer Ergebnisse und deren Vor- und Nachteile.

Bedienung

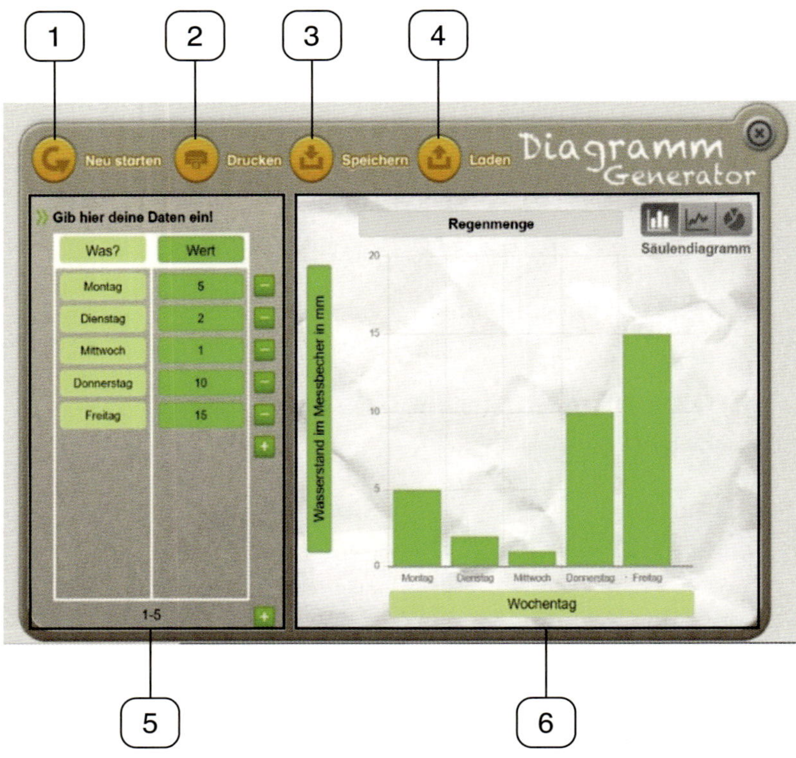

Mit der App *Diagramm Generator®* werden nach der Eingabe von Daten automatisch Diagramme erstellt. Das zeitaufwendige und vor allem in Bezug auf das Kreisdiagramm komplexe Zeichnen ist nicht notwendig. Durch das Darstellen der Daten in einem Diagramm können Veränderungen einzelner Werte von den Schülerinnen und Schülern leichter nachvollzogen werden.

Durch Neustart (1) können die eingegebenen Werte wieder zurückgesetzt werden. Die entstandenen Diagramme können gedruckt (2) bzw. im Browser oder als CSV-Datei (zu öffnen mit einem Tabellenkalkulationsprogramm wie Excel) gespeichert werden (3). Nach dem Schließen des Browsers sind die Diagramme nicht mehr abrufbar. Dafür können zuvor gespeicherte oder erstellte CSV-Dateien über Laden (4) importiert werden. In der App sind die Daten auch nach dem Schließen wieder abrufbar.

Auf der linken Bildschirmhälfte (5) werden die Daten eingetragen und zugleich auf der rechten Bildschirmhälfte (6) in ausgewählter Diagrammform dargestellt. Die hellgrüne Balkenspalte steht für die x-Achse, die dunkelgrüne für die y-Achse. Durch das Pluszeichen können weitere Werte hinzugefügt werden, sodass insgesamt 30 Werte auf der x-Achse eingetragen werden können. Der Wert der y-Achse ist offen. Das Diagramm kann durch Klicken in den grauen Balken betitelt werden, ebenso wie x- und y-Achse beschriftet werden können. Die eingetragenen Daten werden bei einem Wechsel der Diagrammart beibehalten. Sie werden lediglich der Form der Darstellung angepasst.

Anwendungsempfehlung zum Vergleichen von Diagrammarten

Es empfiehlt sich, die Kinder verschiedene Umfragen in Gruppen erarbeiten und auf einem Plakat zur Präsentation festhalten zu lassen. Sollen die zur Verfügung gestellten Arbeitsblätter genutzt werden, können die Kinder in vier Gruppen eingeteilt werden:

- Gruppe 1: Umfrage Geschwister
- Gruppe 2: Umfrage Geburtstage
- Gruppe 3: Umfrage Freizeitverhalten
- Gruppe 4: Umfrage Haustiere

Zunächst erstellen die Kinder innerhalb der Gruppen gemeinsam die entsprechende Umfrage, befragen die anderen Kinder und halten die Ergebnisse in der App fest. Hierbei wird das Erheben von Daten, die in Zusammenhang mit der Lebenswirklichkeit der Kinder stehen, geübt und somit eine lehrplanrelevante Kompetenz erworben bzw. trainiert.

In einem zweiten Schritt wird innerhalb der Gruppen besprochen, welche Diagrammart sich am besten eignet, um die Ergebnisse zu präsentieren. Das entsprechende Diagramm wird in der App ausgewählt und kann ausgedruckt werden.

Die Kinder erstellen mithilfe der gedruckten Diagramme ein Plakat zu ihrer Umfrage.

Danach tauschen die Gruppen mit einer anderen Gruppe das Plakat, sodass jede Gruppe die Umfragen und Ergebnisse einer anderen Gruppe vorstellen muss. Dabei trainieren die Kinder nochmals, Diagramme richtig zu lesen. Außerdem können sie der anderen Gruppe Feedback zur Wahl der Diagrammart geben und folgende Fragen während ihrer Präsentation reflektieren:

- Könnt ihr euch denken, warum die andere Gruppe diese Diagrammart gewählt hat?
- Was ist der Vorteil an diesem Diagramm? Was ist vielleicht ein Nachteil?
- Hättet ihr dieselbe Diagrammart gewählt?
- Wenn nein, warum nicht? Welches Diagramm hättet ihr gewählt?

Die App *Diagramm Generator®* kennenlernen

Mithilfe der App kannst du Diagramme erstellen. Du kannst die Ergebnisse einer Umfrage in der App eintragen, das Diagramm entsteht dann automatisch. Probiere es aus!

Denkt euch in eurer Gruppe eine kleine Umfrage aus. Fragt z. B. „Wie viele Mützen hast du?“ Tragt auf der linken Seite unter „Was?“ die Namen der Befragten ein und unter „Wert“, wie viele Mützen das Kind besitzt. Was passiert? Beschreibt.

____

____

____

Ihr könnt euer Diagramm auch beschriften. Überlegt, welche Beschriftung für die Achsen passen. Wie habt ihr eure Achsen benannt?

Was?-Achse: ______________________________

Wert-Achse: ______________________________

Jetzt ändert eure Werte. Vergrößert den einen, verkleinert den anderen. Was passiert? Beschreibt, wie sich das Diagramm verändert.

____

____

____

Oben auf der rechten Seite könnt ihr die Art des Diagrammes wechseln. Probiert es mal aus! Beschreibt die Besonderheiten der Diagrammarten. Welche Unterschiede fallen euch auf?

____

____

____

____

Mithilfe der App kannst du zu einer Umfrage ein Säulendiagramm erstellen. Führt die Umfragen in eurer Klasse durch. Übertragt die Ergebnisse in die App und zeichnet das Diagramm auf das Arbeitsblatt oder in euer Heft.

Überlegt euch, was ihr von den anderen Kindern wissen wollt. Das kann die Lieblingsfarbe oder das Lieblingsfach sein, aber z. B. auch das Lielingsessen oder die liebste Jahreszeit. Notiert, wovon eure Umfrage handeln soll und welche Frage ihr den Kindern dann stellen müsst:

____

____

Nun überlegt euch vier bis fünf Antwortmöglichkeiten, die ihr zur Auswahl stellen wollt.

1. ____________________________________
2. ____________________________________
3. ____________________________________
4. ____________________________________
5. ____________________________________

Nutzt die App. Tragt dort eure Ergebnisse ein. Übertragt dann das Diagramm auf euer Arbeitsblatt. Stellt die Ergebnisse in der Klasse vor.

Umfrage zu Geschwistern in der Klasse

Mithilfe der App kannst du mit den Antworten einer Umfrage verschiedene Diagramme erstellen. Du kannst zwischen einem Säulen-, Linien- oder Kreisdiagramm wählen. Gemeinsam könnt ihr überlegen, für welche Umfrage welches Diagramm passt.

Fragt die anderen Kinder nach ihren Brüdern und Schwestern. Tragt die Antworten als Strichliste in die Tabelle ein. Nutzt die App, um mit den Antworten ein Diagramm zu erstellen. Gestaltet dann zu der Umfrage ein Plakat. Dafür könnt ihr die Diagramme ausdrucken. Überlegt euch gut, warum ihr eine bestimmte Diagrammart auswählt und nicht eine andere.

Umfrage 1: Wer hat wie viele Geschwister in der Klasse?

Wie viele Geschwister?	**0**	**1**	**2**	**3**	**mehr**
Anworten					

Umfrage 2: Wie viele Brüder und Schwestern gibt es insgesamt in der Klasse?

Brüder	**Schwestern**

Umfrage 3: Wie alt sind die Geschwister in der Klasse?

Das Geschwisterkind ist ...	**ein Baby**	**ein Kindergartenkind**	**ein Grundschulkind**	**jugendlich**	**erwachsen**
Anworten					

Umfrage zu Geburtstagen in der Klasse

Mithilfe der App kannst du mit den Antworten einer Umfrage verschiedene Diagramme erstellen. Du kannst zwischen einem Säulen-, Linien- oder Kreisdiagramm wählen. Gemeinsam könnt ihr überlegen, für welche Umfrage welches Diagramm passt.

Fragt die anderen Kinder nach ihrem Geburtstag. Tragt die Antworten als Strichliste in die Tabelle ein. Nutzt die App, um mit den Antworten ein Diagramm zu erstellen.
Gestaltet zu der Umfrage ein Plakat. Dafür könnt ihr die Diagramme ausdrucken. Schreibt dazu, warum ihr eine bestimmte Diagrammart ausgewählt habt und nicht eine andere.

Umfrage 1: In welchen Monaten haben die anderen Kinder Geburtstag?

Jan.	Feb.	März	April	Mai	Juni	Juli	Aug.	Sep.	Okt.	Nov.	Dez.

Umfrage 2: Wie alt sind die anderen Kinder?

Alter	7 Jahre	8 Jahre	9 Jahre	10 Jahre	11 Jahre	älter
Antworten						

Umfrage 3: Zu welcher Jahreszeit haben die Kinder Geburtstag?

Jahreszeit	Frühling	Sommer	Herbst	Winter
Antworten				

Umfrage zu Freizeitaktivitäten in der Klasse

Mithilfe der App kannst du mit den Antworten einer Umfrage verschiedene Diagramme erstellen. Du kannst zwischen einem Säulen-, Linien- oder Kreisdiagramm wählen. Gemeinsam könnt ihr überlegen, für welche Umfrage welches Diagramm passt.

Fragt die anderen Kinder, was sie in ihrer Freizeit unternehmen. Tragt die Antworten als Strichliste in die Tabelle ein. Nutzt die App, um mit den Antworten ein Diagramm zu erstellen. Gestaltet zu der Umfrage ein Plakat. Dafür könnt ihr die Diagramme ausdrucken.

Umfrage 1: Sind die anderen Kinder in einem Verein? Was ist es für ein Verein?
Frage an die Kinder: Bist du in einem Verein?

ja	**nein**

Frage an die Kinder: Was machst du in diesem Verein? Wenn du nicht in einem Verein bist, woran würdest du gern teilnehmen?

Aktivitäten	**Musikinstrument**	**Tanzen**	**Sport**		
Antworten					

Umfrage 2: Was unternehmen die Kinder in ihrer Freizeit genau oder was würden sie gerne unternehmen? Notiert und erstellt eine Strichliste.

Umfrage zu Haustieren

Mithilfe der App kannst du mit den Antworten einer Umfrage verschiedene Diagramme erstellen. Du kannst zwischen einem Säulen-, Linien- oder Kreisdiagramm wählen. Gemeinsam könnt ihr überlegen, für welche Umfrage welches Diagramm passt.

Fragt die anderen Kinder, ob sie Haustiere haben oder gerne welche hätten. Tragt die Antworten als Strichliste in die Tabelle ein. Nutzt die App, um mit den Antworten ein Diagramm zu erstellen. Gestaltet zu der Umfrage ein Plakat. Dafür könnt ihr die Diagramme ausdrucken.

Umfrage 1: Wie viele Kinder haben ein Haustier oder hätten gerne eines?

Ja. Ich habe ein Haustier.	Ich hätte gern ein Haustier.	Ich möchte kein Haustier.

Umfrage 2: Was haben die Kinder für Haustiere oder welche Haustiere wünschen sie sich? Unterscheidet zwischen „Ich habe …“ (z. B. einen Hund) und „Ich hätte gerne …“ (z. B. ein Kaninchen) und zwischen den verschiedenen Tierarten. Notiert und erstellt eine Strichliste.

Umfrage 3: Wie lange haben die Kinder schon ein Haustier?

Seit wann?	Seit ich ganz klein war.	Seit ich im Kindergarten war.	Seit ich in der Grundschule bin.
Antworten			

Steckbrief: *Geoboard®*

Typ

☒ Mobile Endgeräte ☐ Download ☒ Link

Einsatzgebiet

3. Schuljahr, Muster und Bandornamente

Betriebssystem/Preis

Mobile Endgeräte: iOS®, Android® über Google Chrome®/kostenlos
Download: Version für MacOS®, Windows® und Linux® über Google Chrome®/kostenlos
Link: verschiedene Browser/kostenlos

Kurze Beschreibung

Mit der App *Geoboard®* können virtuell Gummibänder über drei unterschiedliche Geobretter gespannt werden. Die entstandenen Formen können beliebig verändert werden. Eine Weiterbearbeitung des entstandenen Bildes ist durch Einfügen von Texten oder Freihandzeichnungen möglich. Durch das Versenden eines Links haben auch andere Schülerinnen und Schüler die Möglichkeit, an einer Figur mitzuarbeiten und die Lehrkraft kann einen Zwischenstand oder die Ergebnisse der Arbeiten einholen. Die App ist nur auf Englisch verfügbar, ist aber ohne weitere Sprachkenntnisse bedienbar.
Neben dem Erzeugen geometrischer Formen können auch folgende Aufgabeformate bearbeitet werden:

- das Spiegeln und Verschieben von Formen
- Kopfgeometrie
- Brüche

Bedienung

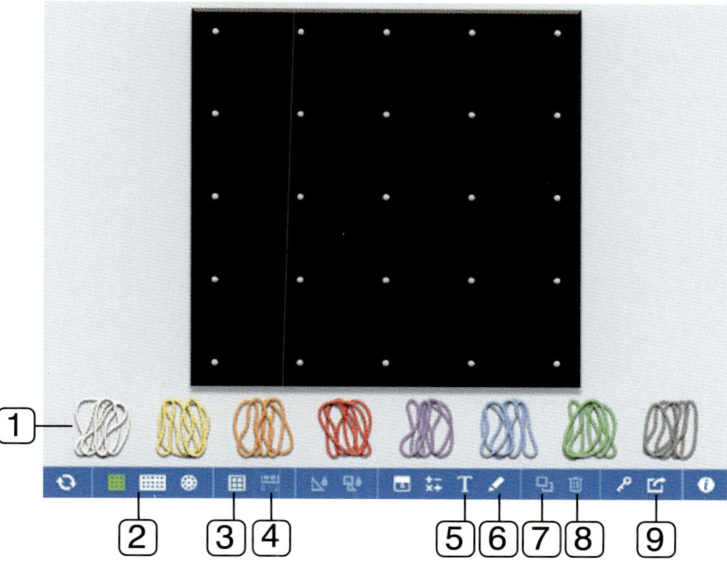

Die Geobretter

Auf dem Startbildschirm befindet sich das quadratische Geobrett. Unterhalb des Brettes befinden sich unterschiedlich farbige Gummibänder, die in unbegrenzter Anzahl genutzt werden können, um Figuren oder geometrische Formen zu spannen.

Es stehen drei unterschiedliche Geobretter zur Auswahl (Quadrat, Rechteck oder Kreis). Diese können einzeln über die Symbole aufgerufen werden. Eine gespannte Figur bleibt dabei z. B. auf dem quadratischen Geobrett erhalten, wenn vom quadratischen zum rechteckigen oder kreisförmige Geobrett gewechselt wird. Als Hilfestellungen können entweder ein Gitter oder Zahlen ähnlich einem Koordinatensystem eingefügt werden.

Spannen einer Figur

Um eine Figur oder geometrische Form zu spannen, wird ein Gummiband berührt und auf einen „Nagel" gezogen. Das Band spannt sich dann automatisch unter- oder oberhalb um einen weiteren „Nagel". Anschließend kann das Gummiband entweder von einem Punkt aus verlängert werden oder es wird wie bei dem physischen Material in der Mitte berührt und zum nächsten Punkt gespannt.

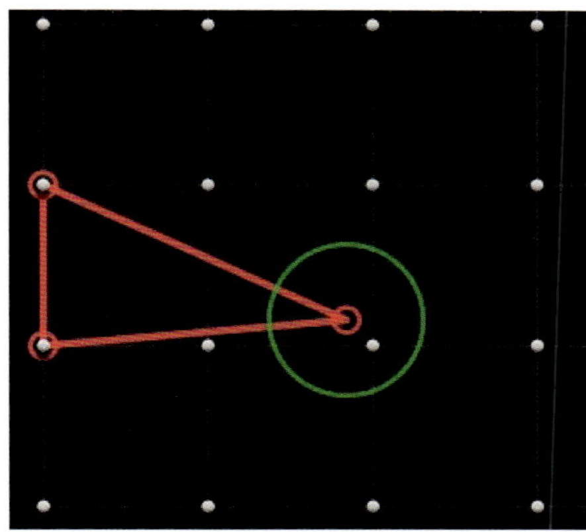

Die entstandenen Formen können mithilfe von Texten oder eigenen Zeichnungen weiterbearbeitet werden. Mit dem Klicken auf das Zeichensymbol öffnet sich ein weiteres Menü, indem Freihandzeichnungen, Konstruieren von Linien, Farbauswahl, Radierer oder das Löschen aller Zeichnungen zur Verfügung stehen. Auf diese Weise können Symmetrieachsen eingezeichnet oder Drehsymmetrien verdeutlicht werden.

Über das Symbol Kopieren kann eine markierte Figur vervielfältigt werden. Auf diese Weise kann z. B. eine Figur an einen Punkt mehrmals abgebildet werden, um die Drehsymmetrie zu verdeutlichen. Über das Papierkorbsymbol können einzelne markierte Figuren gelöscht werden.

Formen mit Farbe füllen
Nachdem Formen aneinandergereiht wurden, können Muster sichtbarer gemacht werden, indem diese farblich ausgefüllt werden. Hierzu können Formen markiert und über die entsprechenden Symbole (Form[en]) mit Tropfen) entweder einzeln oder alle mit der Farbe des Gummis gefüllt werden.

Kooperatives Arbeiten
Als eine weitere Funktion bietet die App an, dass die konstruierten Abbildungen mit anderen geteilt werden können. Hierfür kann durch das Klicken auf das Symbol Teilen („Share“) entweder das Bild gespeichert, ein Link, der sich automatisch generiert, versendet oder das Bild mithilfe einer Code-Eingabe auf einem anderen Gerät geöffnet werden.

Kennenlernen der App *Geoboard®*

Mit der App kannst du unterschiedliche Figuren und Formen mit Gummibändern spannen. Dafür kannst du verschiedene farbige Bänder auswählen. Hast du eine Figur gespannt, kannst du diese jederzeit verändern, kopieren oder mit Farbe füllen.

Spanne ein Gummi um zwei Nägel. Finde heraus, an welchen Stellen du das Gummi ziehen kannst, um eine Figur entstehen zu lassen. Spanne so mit dem Gummi ein Dreieck und verändere das Dreieck so, dass ein Quadrat oder Rechteck entsteht.

Kannst du nun aus dem Quadrat oder Rechteck mit zwei Gummis zwei Dreiecke machen? Wie genau? Beschreibe oder stelle in Form einer Zeichnung dar.

Spanne ein Dreieck so, dass jede Seite drei Nägel lang ist. Versuche nun, es zu verdoppeln und verschieben. Finde heraus mit welchem Symbol das geht. Zeichne ein, wohin du das Dreieck verschieben kannst.

Du kannst das Dreieck auch mehrmals kopieren, drehen und an das erste Dreieck setzen, sodass ein Quadrat daraus wird. So kannst du Muster erstellen. Um das Muster besser sehen zu können, kannst du die Formen mit Farbe füllen. Probiere mal aus, wie das geht. Was hast du getan? Male oder beschreibe.

Muster erstellen

Mit der App kannst du unterschiedliche Formen mit Gummibändern spannen. Du kannst mehrere Formen nebeneinanderspannen und diese mit Farbe füllen. So entstehen verschiedene Muster.

Spanne in der App verschiedene und gleiche Formen nebeneinander oder übereinander. Welche Muster entstehen dadurch? Zeichne ein!

Mit der App kannst du unterschiedliche Formen mit Gummibändern spannen. Du kannst mehrere Formen nebeneinanderspannen und diese mit Farbe füllen. So entstehen verschiedene Muster.

Spanne in der App erneut verschiedene und gleiche Formen nebeneinander oder übereinander. Tausche dein Tablet mit einem anderen Kind. Versuche, das Muster zu erkennen, und setze es fort. Übertragt eure Ergebnisse auf das Arbeitsblatt. Wiederholt den Ablauf, sodass ihr am Ende zusammen vier Muster habt. Wiederholt den Vorgang, sodass ihr am Ende gemeinsam vier Muster erstellt und fortgesetzt habt.

Bandornamente

Mit der App kannst du unterschiedliche Formen mit Gummibändern spannen. Du kannst mehrere Formen nebeneinanderspannen und diese mit Farbe füllen, um Muster zu gestalten. Wiederholst du die Muster, entstehen Bandornamente.

Spanne ein Muster in der oberen linken Ecke des großen Geobretts. Wiederhole das Muster zur Seite und nach unten, bis das gesamte Geobrett bespannt ist, um ein Bandornament zu erhalten. Übertrage das Bandornament auf dein Arbeitsblatt.

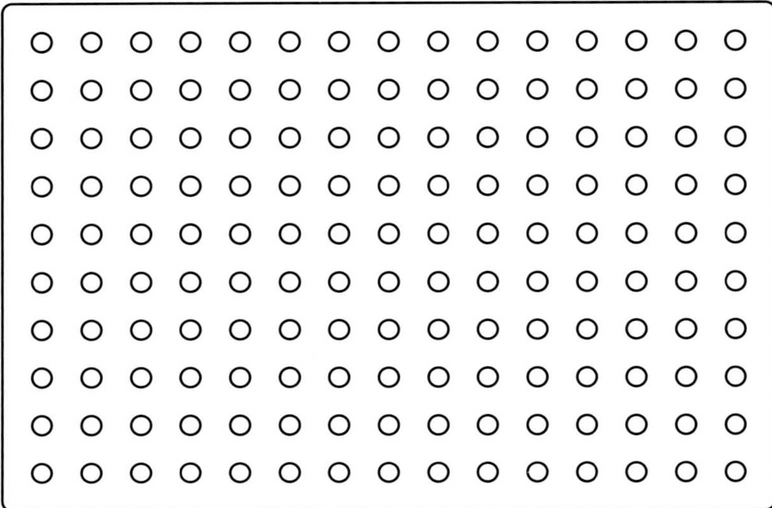

Spanne erneut ein Muster in der oberen linken Ecke des großen Geobretts. Tausche das Tablet mit einem anderen Kind. Erstelle aus dem Muster ein Bandornament. Übertrage das Bandornament auf dein Arbeitsblatt.

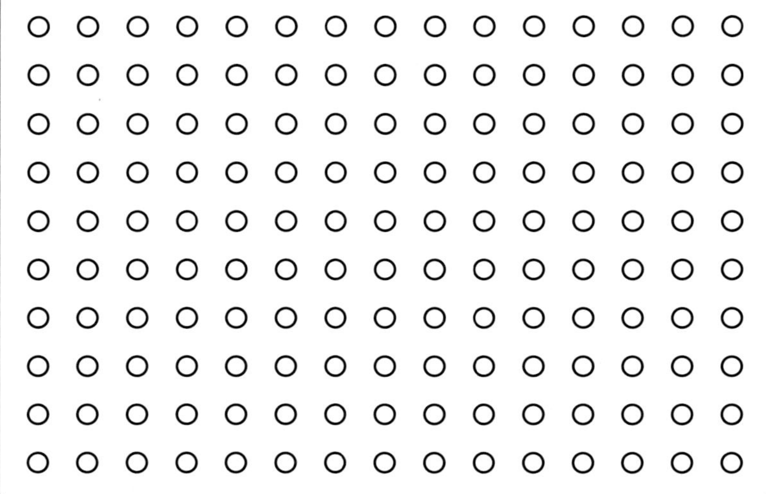

Steckbrief: *Book Creator®*

Typ

[x] Mobile Endgeräte [ ] Download [x] Link

Einsatzgebiet

4. Schuljahr – Muster erstellen mit der „Knabbertechnik“

Betriebssystem/Preis

Mobile Endgeräte: iOS®/2,99 €
Link: Google Chrome®, Safari®, Microsoft Edge®/kostenlos bis zu 40 Bücher

Kurze Beschreibung

Mithilfe der App *Book Creator®* können eigene Bücher erstellt werden. Auf den einzelnen Seiten können eigene selbst aufgenommene Bild-, Video- oder Tonaufnahmen von dem genutzten Gerät oder Dateien aus dem Internet sowie Texte oder Freihandzeichnungen integriert werden. Die Bücher können als PDF oder im Videoformat exportiert werden. So entstehen kreative Produkte der Kinder zu einem mathematischen Thema.
Als Themen für die Erstellung eines Buches können Schülerinnen und Schüler folgenden Aufgabenstellungen nachgehen:

- Baue einen geometrischen Körper aus Papier. Dokumentiere deine einzelnen Schritte, indem du Fotos machst und aufschreibst, was du machst.
- Löse eine Subtraktions- oder Additionsaufgabe schriftlich und nutze für jeden Schritt eine neue Seite. Erstelle für jede Seite Tonaufnahmen deines Rechenweges.
- Baue aus Würfeln und einem Bauplan ein Würfelgebäude. Mache ein Foto und beschreibe dein Gebäude mithilfe einer Tonaufnahme.

So setzen sich Kinder intensiv mit einem mathematischen Thema auseinander und können dessen Inhalte vertiefen.

Bedienung

Startseite

In der App-Version ist es möglich, mehrere Bücher sowie Bibliotheken, in denen Bücher thematisch gespeichert werden können, anzulegen. Auf dem Startbildschirm kann eine neue Bibliothek eingerichtet bzw. ein neues Buch erstellt werden oder ein vorhandenes Buch abgespielt oder exportiert werden. Innerhalb einer Bibliothek können weitere thematische Bücherregale erstellt werden. In der Webversion kann lediglich ein Bücherregal erstellt werden.

Erstellen eines Buches

Nach dem Öffnen eines neuen Buches können unterschiedliche Formate ausgewählt werden, darunter auch ein Comicstrip, um Dokumentationen mit Bilderfolgen festzuhalten. Als Nächstes kann die Deckseite gestaltet werden. Durch das Klicken auf das Plussymbol auf der rechten Seite des Bildschirms können neue Seiten hinzugefügt werden, durch das Klicken auf die Pfeile kann im Buch geblättert werden.

Am oberen Bildschirmrand gelangt man auf der linken Seite über „Meine Bücher“ auf die Startseite zurück, über „Seiten“ auf eine Übersicht aller Seiten des aktuellen Buches und über „Widerrufen“ können die letzten Aktionen rückgängig gemacht werden.

Erstellen einer Dokumentation über den Comicstrip

Nach der Auswahl eines Comicstrips können durch Klicken auf das Plussymbol in der oberen Leiste die leeren Seiten in Felder aufgeteilt werden. Hier stehen verschiedene Aufteilungen zur Auswahl. Für jede Seite kann eine andere Verteilung der Bilder gewählt werden. Nach der Wahl der Einteilung kann für jedes Feld ein Foto über die Kamera des Gerätes erstellt werden und so beispielsweise einzelne Schritte bei der Erstellung eines Musters dokumentiert werden. Zu jedem einzelnen Bild oder für jede Seite kann eine Tonaufnahme erstellt werden, um die Bilderfolge näher zu erläutern. Hierfür wird wieder auf das Plussymbol rechts oben geklickt. Unter „Medien" wird die Tonaufnahme „Sound" ausgewählt. Die Aufnahme startet. Nach der Aufnahme erscheint ein Audiosymbol, welches an beliebiger Stelle auf der Seite platziert werden kann.

Das fertige Buch kann auf dem Startbildschirm im Videoformat abgespeichert werden. Dabei werden Ton- oder auch Videoaufnahmen mit abgespielt. Ein Film kann beim Präsentieren auch immer pausiert werden.

Mit der App kannst du eigene Comics oder Bilderfolgen erstellen. Du kannst jedes Bild mit Sprechblasen, Geräusche oder Tonaufnahmen gestalten. Mithilfe einer Bilderfolge kannst du auch etwas dokumentieren, indem du einzelne Arbeitsschritte fotografierst und beschreibst.

Öffne unter „Neues Buch“ dein eigenes Buch. Wähle ein Comicformat aus, in dem du dein Buch gestalten willst und suche dir eine Farbe aus, in der du die Seite gestalten möchtest. Um neue Seiten zu erstellen, klicke neben deinem Buch auf „Plus“.

Du kannst dein Buch wie in einem Comic in Felder unterteilen. Klicke dafür auf das andere Plus am oberen Bildschirmrand und dann auf „Felder“.
Jetzt kannst du für jedes Feld ein Foto machen. Wie kannst du die Fotos danach verändern? Klicke vielleicht noch mal auf das Pluszeichen. Notiere, was möglich ist.

Du kannst auch eigene Bilder malen. Klicke dafür wieder auf „Plus“ und dann auf „Medien“. Klicke jetzt auf den Stift. Was kannst du alles auswählen?
Und was ist das Besondere dabei? Gefällt dir ein Stift am besten?

Du kannst zu jedem Bild auch eine Tonaufnahme erstellen. Was meinst du, wie das geht? Probiere es gemeinsam mit einem anderen Kind. Male oder beschreibe, was du gemacht hast.

Knabbertechnik

Mit der App kannst du eigene Bücher oder Comics erstellen. Du kannst auf jeder Seite Notizen, Bilder, Videos oder Tonaufnahmen machen. Auf die Weise kannst du auch dein Vorgehen beim Lösen einer Aufgabe genau dokumentieren.

Erstellt zu zweit mithilfe der Knabbertechnik eine Figur. Mit dieser neuen Figur könnt ihr ein Mosaik erstellen. Das nennt man Parkettieren. Dokumentiert die einzelnen Schritte mit der App. Ihr könnt Fotos machen und euer Vorgehen mit einer Tonaufnahme oder mit einem Text beschreiben.

Beispiel:

Erster Schritt:
Wählt eine geometrische Form.

Zweiter Schritt:
Schneidet einen Teil der Form aus.

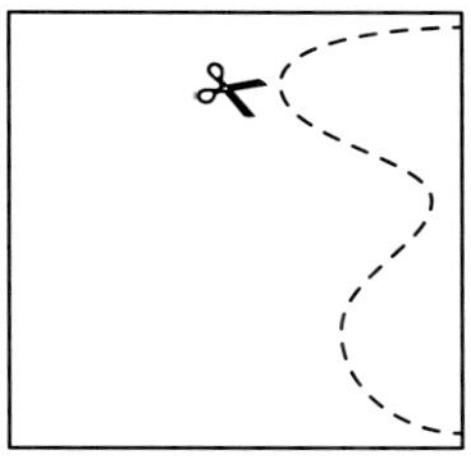

Dritter Schritt:
Klebt das Stück an anderer Stelle an.

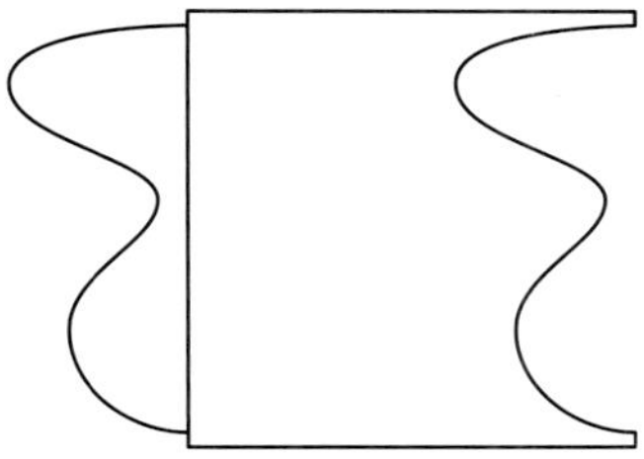

Vierter Schritt: Schneidet weitere Figuren mit eurer Vorlage aus und setzt sie aneinander.

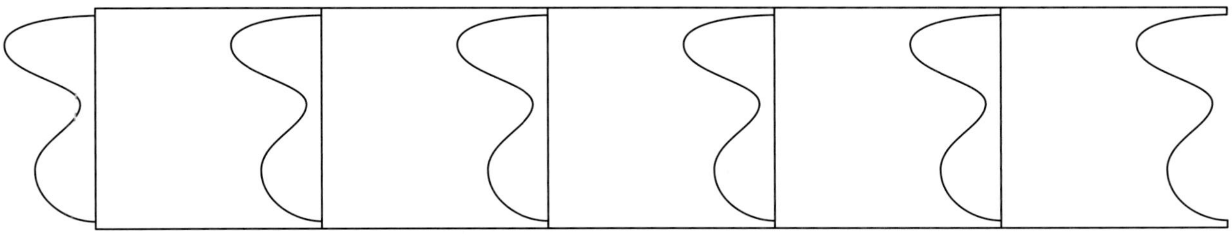

Steckbrief: *Book Creator®*

Typ

☒ Mobile Endgeräte ☐ Download ☒ Link

Einsatzgebiet

3./4. Schuljahr, Größen in der eigenen Umwelt (Zeit, Längen, Geld, Gewicht)

Betriebssystem/Preis

Mobile Endgeräte: iOS®/2,99 €
Link: Google Chrome®, Safari®, Microsoft Edge®/kostenlos bis zu 40 Bücher

Kurze Beschreibung

Mithilfe der App *Book Creator®* können eigene Bücher erstellt werden. Auf den einzelnen Seiten können eigene Bild-, Video- oder Tonaufnahmen bzw. Bild-, Video- oder Audiodateien von dem genutzten Gerät oder aus dem Internet sowie Texte oder Freihandzeichnungen integriert werden. Die Bücher können als PDF oder im Videoformat exportiert werden. Somit können kreative Produkte der Kinder zu einem mathematischen Thema entstehen.
Als Themen für die Erstellung eines Buches können Schülerinnen und Schüler folgenden Aufgabenstellungen nachgehen:

- Baue einen geometrischen Körper aus Papier. Dokumentiere deine einzelnen Schritte, indem du Fotos machst und aufschreibst, was du machst.
- Löse eine Subtraktions- oder Additionsaufgabe schriftlich und nutze für jeden Schritt eine neue Seite. Erstelle für jede Seite Tonaufnahmen deines Rechenweges.
- Baue aus Würfeln und einem Bauplan ein Würfelgebäude. Mache ein Foto und beschreibe dein Gebäude mithilfe einer Tonaufnahme.

Bedienung

Menüleiste

In der App-Version ist es möglich, mehrere Bücher sowie Bibliotheken, in denen Bücher thematisch gespeichert werden können, anzulegen. Auf dem Startbildschirm kann eine neue Bibliothek eingerichtet bzw. ein neues Buch erstellt werden oder ein vorhandenes Buch abgespielt oder exportiert werden. Innerhalb einer Bibliothek können weitere thematische Bücherregale erstellt werden. In der Webversion kann lediglich ein Bücherregal erstellt werden.

Erstellen eines Buches

Nach dem Öffnen eines neuen Buches können unterschiedliche Formate ausgewählt werden, darunter z. B. ein Comicstrip, um Dokumentationen mit Bilderfolgen festzuhalten. Als Nächstes kann die Deckseite gestaltet werden. Durch das Klicken auf das Plussymbol auf der rechten Seite des Bildschirms können neue Seiten hinzugefügt werden, durch das Klicken auf die Pfeile kann im Buch geblättert werden. Am oberen Bildschirmrand gelangt man auf der linken Seite über „Meine Bücher“ auf die Startseite zurück, über „Seiten“ auf eine Übersicht aller Seiten des aktuellen Buches und über „Widerrufen“ können die letzten Aktionen rückgängig gemacht werden.

Bearbeiten einer Seite

Auf der rechten Seite befinden sich die Einstellungsmöglichkeiten, um die Seiten zu bearbeiten oder das Buch abzuspielen bzw. vorlesen zu lassen. So können durch Klicken auf das Plussymbol Bilder von dem Gerät oder aus dem Internet, eigene Bilder, Freihandzeichnungen, Texte oder Tonaufnahmen hinzugefügt werden. Über das Kamerasymbol öffnet sich direkt die Kamera des Tablets. Wurde ein Bild erstellt, kann anschließend ausgewählt werden, ob es bei Nichtgefallen neu aufgenommen wird oder für das Buch benutzt werden kann.

Erstellen von Skizzen

Um eine Skizze anzufertigen, die beim Lösen eine Sachaufgabe hilfreich sein kann, bieten sich Freihandzeichnungen an. Über das Stiftsymbol unter „Medien" öffnet sich eine neue Oberfläche, über die weitere Funktionen anwählbar sind. Verschiedene Stifttypen können gewählt, die Stiftfarbe verändert, über den Radierer Zeichnungen gelöscht oder Smileys eingefügt werden. Es können vom Programm vorgegebene Vorlagen genutzt werden, die das Zeichnen für Schülerinnen und Schüler erleichtern können. Des Weiteren ist es möglich, durch Klicken auf „Mehr" und dann „Formen" geometrische Formen, Pfeile oder Sprechblasen einzufügen.

Die App *Book Creator®* kennenlernen

Mit der App kannst du eigene Bücher erstellen. Du kannst auf jeder Seite Notizen, Bilder, Videos oder Tonaufnahmen erstellen. Du kannst jede einzelne Seite anders farblich gestalten.

Öffne unter „Neues Buch“ dein eigenes Buch. Wähle ein Format, in dem du dein Buch gestalten willst. Um neue Seiten zu erstellen, klicke neben deinem Buch auf „Plus“.

Du kannst für dein Buch eigene Fotos erstellen und einfügen. Klicke dafür auf das Plus am oberen Bildschirmrand und dann auf „Kamera“. Wie kannst du das Foto danach verändern? Klicke vielleicht auch auf das Stiftsymbol. Notiere!

Erstelle eine Tonaufnahme zu deinem Bild. Wie geht das? Beschreibe.

Du kannst auch in die Fotos zeichnen oder eigene Bilder malen. Klicke dafür auf „Plus“ und dann auf „Medien“. Hier findest du ein Stiftsymbol. Teste verschiedene Stifte. Was ist das Besondere daran? Gefällt dir eine Art Stift am besten?

Du kannst zu deinem Bild auch Formen einfügen. Kannst du rausfinden, wie das geht? Klicke vielleicht noch mal auf „Plus“ und dann auf „Mehr“. Findest du die richtige Funktion? Was ist alles möglich? Male oder beschreibe!

Sachaufgaben lösen

Mit der App kannst du eigene Bücher erstellen. Du kannst auf jeder Seite Notizen, Bilder, Videos oder Tonaufnahmen erstellen. Nutzt für die Lösung der Sachaufgabe die App.

Löst folgende Sachaufgabe:

Wie viele Stunden habt ihr in der Woche insgesamt Unterricht? Denkt daran, dass eine Unterrichtsstunde nicht so lang ist wie eine Stunde. Schätzt zuerst, wie viele Stunden es insgesamt sind, dann rechnet aus.

Erstellt ein Buch für die Lösung der Aufgabe. In dem Buch sollten die Aufgabe, die Rechnung und die Lösung sein. Fertigt noch eine Skizze an, wie ihr vorgegangen seid. Ihr könnt auch Bilder, Videos oder Tonaufnahmen erstellen, um euren Weg zu erklären. Bevor ihr mit dem Buch beginnt, macht euch Notizen, wie ihr vorgehen wollt:

Denkt euch eine eigene Sachaufgabe aus. Überprüft, ob es für diese eine Lösung gibt.

Tauscht die selbst ausgedachten Sachaufgaben mit einer anderen Gruppe. Erstellt zur Lösung der Aufgabe dieser Gruppe ein Buch.

Sachaufgaben lösen

Mit der App kannst du eigene Bücher erstellen. Du kannst auf jeder Seite Notizen, Bilder, Videos oder Tonaufnahmen erstellen. Nutzt für die Lösung der Sachaufgabe die App.

Löst folgende Sachaufgabe:

Wie viel müsst ihr bezahlen, wenn die ganze Klasse ins Kino gehen möchte? Jeder kauft sich ein kleines Getränk und eine kleine Tüte Popcorn. Denkt auch an eure Klassenlehrerin oder euren Klassenlehrer. Überlegt, wie viel es zusammen kostet. Schätzt zuerst einen Preis.

Erstellt ein Buch für die Lösung der Aufgabe. In dem Buch sollten die Aufgabe, die Rechnung und die Lösung sein. Beschreibt auch, wie ihr vorgegangen seid. Ihr könnt auch Bilder, Videos oder Tonaufnahmen erstellen.

Bevor ihr mit dem Buch beginnt, macht euch Notizen, wie ihr vorgehen wollt:

Denkt euch eine eigene Sachaufgabe aus. Überprüft, ob es für diese eine Lösung gibt.

Tauscht die selbst ausgedachten Sachaufgaben mit einer anderen Gruppe. Erstellt zur Lösung der Aufgabe dieser Gruppe ein Buch.

Sachaufgaben lösen

Mit der App kannst du eigene Bücher erstellen. Du kannst auf jeder Seite Notizen, Bilder, Videos oder Tonaufnahmen erstellen. Nutzt für die Lösung der Sachaufgabe die App.

Löst folgende Sachaufgabe:

Wie lang ist der Schulhof (oder ein Teil vom Schulhof)? Macht euch vorher eine Skizze wie der Schulhof aussieht. Messt dann die einzelnen Seiten ab. Was müsst ihr machen, um die Gesamtlänge herauszufinden? Schätzt zuerst, wie lang der Schulhof ist.

Erstellt ein Buch für die Lösung der Aufgabe. In dem Buch sollten die Aufgabe, die Rechnung und die Lösung sein. Beschreibt auch, wie ihr vorgegangen seid. Ihr könnt auch Bilder, Videos oder Tonaufnahmen erstellen.
Bevor ihr mit dem Buch beginnt, macht euch Notizen, wie ihr vorgehen wollt:

Denkt euch eine eigene Sachaufgabe aus. Überprüft, ob es für diese eine Lösung gibt.

Tauscht die selbst ausgedachten Sachaufgaben mit einer anderen Gruppe. Erstellt zur Lösung der Aufgabe dieser Gruppe ein Buch.

Sachaufgaben lösen

Mit der App kannst du eigene Bücher erstellen. Du kannst auf jeder Seite Notizen, Bilder, Videos oder Tonaufnahmen erstellen. Nutzt für die Lösung der Sachaufgabe die App.

Löst folgende Sachaufgabe:

Wie viel wiegen die Schultaschen aller Kinder aus eurer Klasse zusammen? Hat eure Klassenlehrerin oder euer Klassenlehrer auch eine Tasche? Schätzt zuerst das Gewicht, dann messt mit einer Waage nach.

Erstellt ein Buch für die Lösung der Aufgabe. In dem Buch sollten die Aufgabe, die Rechnung und die Lösung sein. Beschreibt auch, wie ihr vorgegangen seid. Ihr könnt auch Bilder, Videos oder Tonaufnahmen erstellen.
Bevor ihr mit dem Buch beginnt, macht euch Notizen, wie ihr vorgehen wollt:

Denkt euch eine eigene Sachaufgabe aus. Überprüft, ob es für diese eine Lösung gibt.

Tauscht die selbst ausgedachten Sachaufgaben mit einer anderen Gruppe. Erstellt zur Lösung der Aufgabe dieser Gruppe ein Buch.

Steckbrief: *Whiteboard Online®*

Typ

☐ Mobile Endgeräte ☐ Download ☒ Link

Einsatzgebiet

4. Schuljahr, Sachaufgaben lösen

Betriebssystem/Preis

Link: verschiedene Browser/kostenlos

Kurze Beschreibung

Die Browserfunktion WBO ist ein Whiteboard, mit dem kollaborativ gearbeitet werden kann. Mehrere Personen können von verschiedenen Endgeräten aus Zeichnungen erstellen und Texte schreiben. Da jedem dieselbe Internetseite zur Verfügung steht, werden Veränderungen für alle sofort sichtbar. Eine Zusammenarbeit kann so rein virtuell und nonverbal (nur schriftsprachlich) stattfinden. Auf diese Weise können Schülerinnen und Schüler ihre Arbeit jederzeit unterbrechen oder auch von zu Hause aus zusammenarbeiten. Neben dem gemeinsamen Bearbeiten von Sachaufgaben, lässt sich die App auch für die Inhaltsfelder Daten, Wahrscheinlichkeiten und Häufigkeiten sowie Muster und Strukturen nutzen, z. B. in Form folgender Aufgabenstellungen:

- Gestalte ein Muster mit den Formen. Lass es deinen Partner oder deine Partnerin fortsetzen.
- Erstellt eine Umfrage über Lieblingseis, Lieblingsfarbe oder Lieblingstier. Haltet eure Ergebnisse mit einer Strichliste fest.
- Auf diese Weise können Schülerinnen und Schüler räumlich oder zeitlich getrennt voneinander an einer Aufgabenstellung arbeiten und jede oder jeder kann die eigenen Ideen einbringen.

Bedienung

Um das WBO im Unterricht einzusetzen, können als Endgeräte Laptops, Standrechner, aber auch mobile Geräte wie Tablets und Smartphones verwendet werden. Auf der Startseite muss zunächst zwischen einem öffentlichen oder privaten Whiteboard oder dem privaten Whiteboard mit Namen gewählt werden. Für die Verwendung im Unterricht und zum Schutz der Schülerinnen und Schüler sollte ein privates Whiteboard erstellt werden. Hier kann entweder ein von der Webseite generierter Link verwendet werden, der sich ergibt, indem „privates Whiteboard" ausgewählt wird, oder ein themenspezifischer Link, der entsteht, wenn „privates Whiteboard mit Namen" gewählt wird und dem Whiteboard ein Name, wie z. B. „Größen" gegeben wird. Dies hat den Vorteil, dass kein Link versendet werden muss, sondern die Lernenden über die Startseite und das Eingeben des Namens im selben Feld auf das Whiteboard gelangen. Um ein schnelles Öffnen des Whiteboards mithilfe der Tablets zu begünstigen, kann für den Link aber auch ein QR-Code generiert und im Klassenraum ausgehängt werden. Wenn die Lehrkraft die Whiteboards erstellt, kann sie vorab z. B. Aufgaben- oder Hilfestellungen notieren.
Auf dem erstellten Whiteboard steht ein unbegrenzter „leerer Raum" zur Verfügung. Auf der linken Seite befindet sich das Menü.

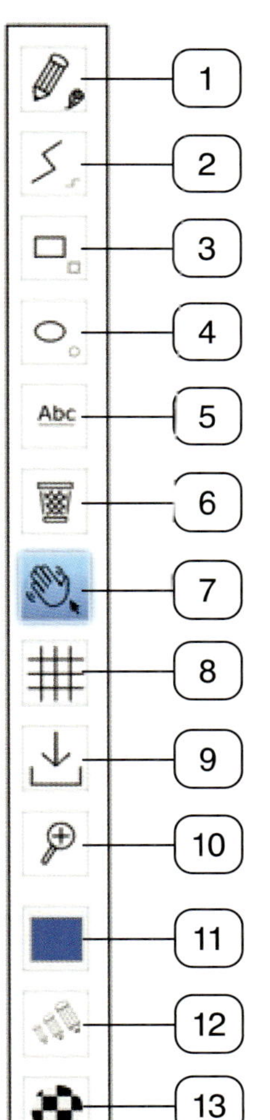

Mit den Symbolen „Stift" (1) „Gerade Linie" (2) „Rechteck" (3) oder „Ellipse" (4) können Zeichnungen erstellt werden. Dabei können entweder die Computermaus oder bei touchfähigen Endgeräten die Finger genutzt werden. Es können die Farbe der Zeichnung angepasst werden (11), die Konturenstärke der Linien (12) sowie die Deckkraft (13).
Über „Text" (5) ist es möglich, die Gedanken schriftlich festzuhalten. Die Farbe der Schrift kann verändert werden (11).
Um ein Element zu löschen, muss zunächst das Papierkorbsymbol (6) markiert werden, um anschließend das zu löschende Gezeichnete oder Geschriebene auszuwählen. Als Hilfestellung kann entweder ein Gitter oder ein Punktraster über das leere Feld gelegt werden (8). Über das Handsymbol (7) können Elemente verschoben werden und über die Lupe (10) kann der Bildschirm durch Klicken vergrößert oder durch Klicken und Drücken der Umschalttaste auf der Tastatur verkleinert werden. Mit dem Exportiersymbol (9) kann eine Datei heruntergeladen werden, die über alle gängigen Browser wieder zu öffnen ist. Als Alternative kann auch ein Screenshot gemacht werden.

Kennenlernen des Whiteboard Online

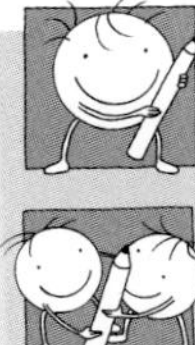

Mit dem Whiteboard kannst du gemeinsam mit anderen arbeiten. Dabei sitzen alle an ihrem eigenen Bildschirm. Alles, was du zeichnest oder schreibst, sehen die anderen auch. So könnt ihr gemeinsam zur Lösung einer Aufgabe kommen.

Öffne das Whiteboard und schaue dir das Menü an. Hier findest du Symbole, mit denen du durch Klicken zeichnen, Formen erstellen und schreiben kannst. Probiere den Stift aus und zeichne etwas. Wie kannst du die Farbe des Stiftes verändern? Wie kannst du einen dicken Strich machen? Was ist noch möglich? Notiere.

Versuche, mit den Formen ein Bild zu zeichnen, z. B. ein Haus. Beschreibe dein Vorgehen oder zeichne die einzelnen Schritte in den Kasten.

Setzt euch an unterschiedliche Geräte. Schreibt euch gegenseitig Nachrichten. Auf was müsst ihr achten?

Stellt euch gegenseitig Rechenaufgaben. Versucht, euch nur mit dem Whiteboard auszutauschen. Wer löst welche Aufgabe? Wie könnt ihr euch korrigieren? Auf was müsst ihr achten, wenn ihr über das Whiteboard miteinander „redet“? Stellt drei Regeln für das Zusammenarbeiten auf:

Die Schnecke im Brunnen

Mit dem Whiteboard kannst du gemeinsam mit anderen arbeiten. Dabei sitzen alle an ihrem eigenen Bildschirm. Alles, was du zeichnest oder schreibst, sehen die anderen auch. So könnt ihr gemeinsam zur Lösung einer Aufgabe kommen.

Löst zusammen folgende Sachaufgabe:

Eine Schnecke purzelt in einen Brunnen. Sie landet auf dem weichen Boden des 9 m tiefen Brunnens. Die Schnecke will wieder nach oben, also ruht sie sich am Tag aus und klettert in der ersten Nacht 3 m hoch. Am Tag aber, wenn sie schläft, rutscht sie wieder 2 m hinunter. So geht es in den nächsten Nächten und Tagen weiter. Wie lange dauert es, bis die Schnecke wieder oben ist? Nutzt die Internetseite, um euch gemeinsam Gedanken über die Lösung zu machen. Macht euch eine Skizze. Schreibt eine Rechnung auf. Notiert euch die Lösung. Wenn ihr fertig seid, übertragen alle Skizze, Rechnung und Lösung auf ihr Arbeitsblatt.

Skizze:

Rechnung:

Lösung:

Mit dem Whiteboard kannst du gemeinsam mit anderen arbeiten. Dabei sitzen alle an ihrem eigenen Bildschirm. Alles, was du zeichnest oder schreibst, sehen die anderen auch. So könnt ihr gemeinsam zur Lösung einer Aufgabe kommen.

Löst zusammen folgende Sachaufgabe:

Eine Ameise geht auf dem Rand einer quadratischen Wiese spazieren. Jede Seite dieser Wiese ist 200 m lang. Tagsüber krabbelt die Ameise immer 200 m vorwärts. Doch nachts bläst ein starker Wind sie genau die Hälfte der Strecke, die sie am Tag gekrabbelt ist, wieder zurück. Sie startet am Montagmorgen am Eckpunkt A und läuft von dort aus über B, C und D wieder nach A. Wann kommt die Ameise wieder bei A an? Nutzt die Internetseite, um euch gemeinsam Gedanken über die Lösung zu machen. Macht euch eine Skizze. Schreibt eine Rechnung auf. Notiert euch die Lösung. Wenn ihr fertig seid, übertragen alle Skizze, Rechnung und Lösung auf ihr Arbeitsblatt.

Skizze:

Rechnung:

Lösung:

Jederzeit optimal vorbereitet in den Unterricht?

»